한국어 교재 활용시리즈

쉽게 말하는 한국어3 활용

충북대학교
국제교류원

발간사

교육은 누구에게 어떤 내용을 어떻게 전달하는가의 문제이고, 교재는 소통의 핵심 위치에 자리합니다. 교육환경이 시시각각 변화하는 지금, 교육의 질적 향상을 위해 교육 종사자는 항상 새로운 길을 진지하게 고민하지 않을 수 없으며, 교재 편찬 역시 그 고민의 중요한 일부입니다.

충북대학교 국제교류원 한국어교육부는 지난 10여 년간 외국인들에게 한국어교육을 성실히 담당해왔습니다. 십년간의 노력을 통해 얻은 노하우는 실로 금쪽같이 귀한 것입니다. 우리는 이를 더욱 찬란한 보석으로 만들기 위해 총체적으로 정리, 분석하여 10년 후를 준비하는 교재를 만들기로 결정했습니다.

충북대학교 국제교류원 한국어교육부의 교육목표를 충실하게 실천하기 위해, 한국어교육의 새로운 길을 열기 위해, 학습자들의 최대 성취를 위해 교재 발간에 참여한 저자들은 최선을 다하고자 했습니다. 그 긴 기간, 만사를 제쳐두고 교재 편찬에 매진한 모든 국제교류원 한국어 선생님들께 이 지면을 빌어 충심에서 우러나는 존경과 감사를 드립니다.

모든 일의 마무리에는 서운하고 부족한 부분이 있기 마련입니다. 한국어 교재 작업 역시 완벽할 수 없기에 앞으로 수정과 보완이 지속적으로 이루어져야 합니다. 이를 위해 많은 전문가들의 날카로운 질정이 반드시 필요하다고 생각합니다. 이를 바탕으로 충북대학교 한국어 교육은 보다 높은 목표를 향해 계속 전진하는 단단한 기초를 마련할 수 있을 것으로 생각합니다.

2013년 3월

충북대학교 국제교류원 원장 **김 일 수**

일러두기

「쉽게 말하는 한국어 3 활용」은 중급 학습자를 대상으로 했습니다.「쉽게 말하는 한국어 3 활용」은「쉽게 말하는 한국어 3」의 부교재로 한국어 수업 시간에 배운 내용을 교사와 학습자가 함께 연습할 수 있도록 만들었습니다.

각 과의 01항부터 04항까지는 「쉽게 말하는 한국어 3」교재에서 제시된 어휘와 문법에 대해 학생들이 직접 연습을 할 수 있도록 구성했습니다. 어휘는 교재에서 배운 것을 확장하여 연습할 수 있도록 했으며 문법은 교재에서 다룬 용법에 따라 다양한 유형의 문제를 풀고 익힐 수 있도록 했습니다.

각 과의 05항은 복습으로 01항부터 04항까지 배운 내용을 어휘, 문법, 쓰기, 듣기, 읽기로 나누어 복습할 수 있도록 했습니다.

듣기 지문을 수록하여 듣기 후 내용을 정확하게 이해할 수 있도록 했습니다.

마지막으로 모범 답안을 두어 학습자가 혼자서 예습 또는 복습을 할 경우에 문제의 답을 확인할 수 있도록 했습니다.

단원 구성

과		소제목
1과 소개	01	한국어를 배운 지 얼마나 되셨어요?
	02	사진을 보니 정말 가 보고 싶네요.
	03	패션 산업에 대해서 공부하고 싶어요.
	04	고향에 같이 가자고 해서 인터넷으로 정보를 찾고 있어요.
	05	복습
2과 집안일	01	봄도 됐는데 우리 대청소 할래요?
	02	빨래가 이것밖에 없어요?
	03	그래야 환경오염도 줄일 수 있고요.
	04	할인 쿠폰이 있어서 싸게 살 수 있어.
	05	복습
3과 대학생활	01	심리학 개론을 신청한다고 하더니 생각이 바뀌었네.
	02	저는 사물놀이 동아리에 가입할까 해요.
	03	행사 내용도 작년에 비해서 다양해졌어요.
	04	내일까지 내야 하거든요.
	05	복습
4과 실수와 후회	01	가스 불을 켜 놓은 채로 나왔거든요.
	02	청주에 가는 버스인 줄 알았어요.
	03	설탕을 넣는다는 것이 소금을 또 넣었구나.
	04	선생님의 말씀을 들을걸 그랬어요.
	05	복습
5과 건강과 생활	01	삼계탕이야말로 여름철 건강식 중에 최고예요.
	02	건강해진다면 그 정도 노력은 해야겠죠.
	03	아침을 안 먹다가는 건강이 나빠질 거예요.
	04	건강해진 걸 보니까 채식이 몸에 좋은가 봐요.
	05	복습

목차

| 쉽게 말하는 한국어 3 활용 |

1과 소개

01. 한국어를 배운 지 얼마나 되셨어요?

02. 사진을 보니 정말 가 보고 싶네요.

03. 패션 산업에 대해서 공부하고 싶어요.

04. 고향에 같이 가자고 해서 인터넷으로 정보를 찾고 있어요.

05. 복습

01 한국어를 배운지 얼마나 됐어요?

문법(1)

▲ -(으)ㄴ 지

1. 다음 표를 보고 쓰십시오.

		언제 했어요?	지금
1	식사	아침 7시	오후 1시
2	소식	2월 2일에 듣다.	2월 9일
3	학교	1997년에 짓다.	2012년
4	약속시간	오후 3시	오후 7시
5	한국 생활	3월에 오다.	8월

1) 밥을 먹은 지 벌써 6시간이 지났어요.
2) 그 소식을 ______________________________.
3) 이 학교는 ______________________________.
4) 약속 시간이 ______________________________.
5) ______________________________.

2. 다음 대화를 완성하십시오.

1) 가 : 민지 씨는 수영을 참 잘하네요. 언제부터 수영을 했어요?
   나 : 수영을 배운 지 10년 됐어요.
2) 가 : 그 책을 읽었으니까 내용을 좀 소개해 주세요.
   나 : 그 책을 ______________ 너무 오래 돼서 기억이 잘 안나요.
3) 가 : 두 사람이 참 잘 어울리네요. 몇 년 동안 사귀었어요?
   나 : ______________________________.
4) 가 : 요즘 부모님하고 자주 통화해요?
   나 : 아니요. 요즘은 바빠서 자주 전화를 못해요.
   전화를 ______________ 이 주일쯤 됐어요.

5) 가 : 오랜만이에요. 우리가 마지막으로 만난 것이 언제였지요?
   나 : 작년에 졸업하고 못 봤으니까 ____________________.

6) 가 : 내일이 제 결혼기념일이에요.
   나 : 어머, 그래요? 결혼한 지 얼마나 되셨어요?
   가 : ____________________.

7) 가 : 그 회사에 다닌 지 오래 됐어요?
   나 : 아니요. ____________________ 아는 사람이 별로 없어요.

3. 오늘은 8월 24일입니다. 아래의 달력을 보고 문장을 만드십시오.

8월						
일	월	화	수	목	금	토
7	8	9	10 학원 등록	11	12	13
14 부모님과 전화 통화	15	16 병원	17	18	19 중간 시험	20
21	22 컴퓨터 구입	23	24	25	26	27

1) 병원에 다닌 지 일주일이 지났는데 아직 감기가 안 나았어요.

2) ____________________.

3) ____________________.

4) ____________________.

5) ____________________.

문법(2)

▲ -게 되다.

1. 다음 표를 쓰고 대화를 완성하십시오.

	전	계기/이유	후
1	한국어를 잘 몰랐다.	한국 친구를 사귀다.	한국문화를 이해한다.
2	집에만 있었다.	운전을 배웠다.	여행을 자주 다닌다.
3	사진을 잘 찍지 못했다.	사진반에 들어갔다.	사진을 잘 찍는다.
4	돈을 기부하지 않았다.	방송에서 어려운 사람들을 보았다.	돈을 기부한다.
5	한국어 선생님이 아니었다.	한국어 도우미를 했다.	한국어 선생님을 한다.
6	한국어를 전혀 몰랐다.	한국 노래를 들었다.	한국어를 배운다.

1) 가 : 한국 문화에 대해 많이 아시는 것 같아요.
   나 : 한국 문화를 잘 몰랐는데 한국친구를 사귀고 이해하게 되었어요.

2) 가 : 여행을 자주 다니시는군요.
   나 : 운전을 배우기 전에는 집에만 있었는데 운전을 배우고 나서 ________.

3) 가 : 언제부터 그렇게 사진을 잘 찍으셨어요?
   나 : 사진반에 들어가고 나서 ________.

4) 가 : 어떻게 그렇게 많은 돈을 기부하셨어요?
   나 : 방송에서 어려운 사람들을 보고 ________.

5) 가 : 선생님은 왜 한국어 선생님을 하게 되셨어요?
   나 : 한국어 도우미를 하다가 가르치는 일이 재미있어서 ________.

6) 가 : 한국어를 정말 잘 하는군요. 어떻게 한국어를 배우게 되었어요?
   나 : 우연히 한국 노래를 들었는데 너무 좋아서 ________.

2. 다음 문장을 완성하십시오.

1) 처음에는 그 문법을 이해할 수 없었는데 선생님의 설명을 듣고 이해하게 되었어요.

2) 이번에 시험을 잘 봤어요. 그래서 장학금을 ______________________.

3) 전에는 아침에 일찍 못 일어났는데 요즘은 자명종 소리를 듣고 일찍 ________.

4) 그 소설을 읽고 나서 그 작가를 ______________________________.

5) 일이 많아서 회사에서 늦게까지 ______________________________.

3. 다음 이메일을 읽고 밑줄 친 부분을 '–게 되다'로 바꾸십시오.

> 김 선생님께
>
> 선생님 안녕하셨어요? 저 민수예요. 그동안 연락을 못 드려서 죄송해요.
>
> 이번에 1)제가 대기업에 취직을 했어요. 그리고 지금 만나고 있는 2)여자 친구와 결혼을 해요. 3)결혼한 후에는 프랑스로 이사를 가요. 그래서 지금 4)프랑스어도 배우고 있어요. 결혼하고 프랑스에서 5)부모님과 함께 살기로 했어요.
>
> 이사 가기 전에 선생님께 인사를 드리고 싶은데 언제 시간이 있으신지 알려 주세요. 제 약혼녀도 소개하고 싶고 오랜만에 선생님을 뵙고 싶어요.
>
> 그럼 선생님의 연락을 기다리겠습니다.
>
> 민수 올림

1) 대기업에 취직하게 됐어요.

2) 여자 친구와 ______________________________________.

3) 결혼한 후에는 프랑스로 ______________________________.

4) 프랑스에서 일을 해서 ________________________________.

5) 프랑스에서 ______________________________________.

문법(3)

▲ -아/어/여 보이다.

1. 다음 그림을 보고 문장을 완성하십시오.

1) 

옷을 많이 입었지만 추워 보여요.

2) 

가족들이 정말 ______________________.

3) 

이 선수는 다리가 많이 ______________.

4) 

옷차림을 보니까 돈이 ________________.

5) 

미선 씨는 남자 친구와 헤어져서 __________.

2. 다음 대화를 완성하십시오.

1) 가 : 저 사람이 미선 씨 어머님이에요.

나 : 어머님께서 언니 같아요. 나이보다 젊어 보여요.

2) 가 : 오늘은 키가 ____________________.

나 : 높은 구두를 신어서 그런 것 같아요.

3) 가 : 얼굴을 보니까 기분이 ____________________. 무슨 일이 있어요?

나 : 네. 장학금을 받아서 기분이 좋아요.

4) 가 : 링링 씨 요즘 회사일이 많아요? 많이 ____________________.

나 : 네. 매일 야근해서 그래요.

5) 가 : 오늘 입은 옷이 아주 멋있어요. 비쌀 것 같아요.

나 : ____________________? 별로 안 비싸요.

6) 가 : 오늘은 민수 씨의 방이 아주 ____________________.

나 : 제가 오랜만에 청소를 했어요.

3. 오늘 친구들은 어떻습니까? 쓰고 말해 봅시다.

친구	어때 보여요?
나타샤	친구와 웃으면서 이야기해요. 기분이 좋아 보여요.

어휘

1. 다음 보기에서 알맞은 것을 골라 문장을 완성하십시오.

화가 나다	신(이) 나다	지루하다	긴장하다	부끄럽다	답답하다

1) 영화가 너무 재미없고 ________________ 보다가 졸았어요.

2) 그 남자는 좋아하는 여자를 보고 __________________ 얼굴이 빨개졌어요.

3) 그 음악을 듣고 사람들이 __________________ 춤을 추기 시작했어요.

4) 친구가 나에게 거짓말을 해서 ______________________________________.

5) 고향에 간 친구의 소식을 알 수 없어서 ______________________________.

6) 시험을 볼 때 ________________지 말고 공부한 내용을 잘 생각해 보세요.

2. 알맞은 단어를 고르십시오.

1) 그 사람은 (내성적, 외향적)이어서 사람을 만나는 것을 좋아하지 않는다.

2) 성공하려면 (긍정적, 부정적)인 생각을 많이 하세요.

3) 자기의 생각을 (적극적, 소극적)으로 말하지 않으면 상대방이 내 생각을 자세히 알 수 없다.

4) 그 사람은 일을 할 때 여러 번 확인하는 (덜렁거리는, 꼼꼼한) 성격을 가지고 있다.

5) 내 친구는 (무뚝뚝해서, 상냥해서) 사람들이 말을 잘 못 건다.

02 사진을 보니 정말 가 보고 싶네요.

문법(1)

▲ ~처럼

1. 보기에서 알맞은 단어를 골라 문장을 완성하십시오.

봄	사과	어른	천사	어머니

1) 민영 씨의 얼굴이 사과처럼 빨개요.
2) 우리 하숙집 아주머니는 ______________ 잘 해주세요.
3) 제 여자 친구는 ______________ 마음이 착해요.
4) 겨울인데 날씨가 ______________ 따뜻해요.
5) 내 동생은 어리지만 ______________ 생각이 깊어요.

2. 보기에서 알맞은 단어를 골라 문장을 완성하십시오.

오다	먹다	알다	하다	자다

1) 비가 올 것처럼 하늘이 흐려요.
2) 음식을 다 ______________ 많이 시키고 이렇게 남기면 어떻게 해요?
3) 수업시간에 모르는 것은 질문하세요. 모르면서 ______________ 행동하지 마세요.
4) 부장님이 그 일을 혼자서 ______________ 말씀하시고 모두 저에게 시키셨어요.
5) 잠을 충분히 잤는데 ______________ 너무 졸려요.

3. 보기에서 알맞은 말을 골라 대화를 완성하십시오.

연인	여자	요리사	나쁘다	만들다	오다

1) 가 : 두 사람이 마치 연인처럼 보여요.
   나 : 아니에요. 우리는 그냥 친구 사이에요.

2) 가 : 부인이 요리를 잘 해요?
   나 : 그럼요. ________________ 요리를 잘해요.

3) 가 : 태원 씨를 뒤에서 보면 여자인 것 같아요.
   나 : 맞아요. 저도 태원 씨의 뒷모습이 ______________ 보였어요.

4) 가 : 밍밍 씨에게 무슨 일이 있어요?
   나 : 글쎄요. 왜요?
   가 : 아까 밍밍 씨를 만났는데 기분이 _________________ 보였어요.

5) 가 : 이 케이크를 정말 유기에 씨가 만들었어요?
   나 : 아니에요. 그 케이크는 만든 것이 아니고 산 것이에요.
   가 : 그래요? 유기에 씨는 자기가 __________________ 이야기했어요.

6) 가 : 어제는 문화체험에 ___________________ 말씀하셨는데 오셨군요.
   나 : 어제는 몸이 아파서 못 올 것 같았어요.

문법(2)

▲ -게

1. 보기에서 알맞은 말을 골라서 다음 문장을 완성하십시오.

맵다	크다	편하다	시끄럽다	자세하다

1) 수업 시간에는 친구하고 시끄럽게 떠들지 말고 조용히 하세요.
2) 나를 선배라고 생각하지 말고 언니처럼 ______________ 생각하세요.
3) 지금 목소리가 잘 안 들리니까 ______________ 말씀해 주세요.
4) 선생님께서 내 질문을 듣고 ______________ 설명해 주셨어요.
5) 아이가 먹을 음식이니까 ______________ 만들어 주세요.

2. 보기에서 알맞은 말을 골라서 다음 대화를 완성하십시오.

예쁘다	나쁘다	솔직하다	시원하다	따뜻하다	재미있다

1) 가 : 외출해야 하는데 무슨 옷을 입을까요?
   나 : 날씨가 추우니까 옷을 따뜻하게 입으세요.
2) 가 : 그렇게 ______________ 화장을 하고 어디에 가요?
   나 : 친구 결혼식이 있어서 거기에 가요.
3) 가 : 제가 영이 씨를 좋아하는데 고백을 못 하겠어요.
   나 : 그러지 말고 ______________ 말하세요.
4) 가 : 내가 하는 말을 기분 ______________ 생각하지 말고 잘 들으세요.
   나 : 괜찮으니까 말씀하세요.
5) 가 : 오늘은 날씨가 너무 더운 것 같아요.
   나 : 그럼, 음료수 한잔 ______________ 마실까요?
6) 가 : 어제 생일 파티는 어땠어요? 재미있었어요?
   나 : 네. 친구들이 많이 와서 ______________ 놀았어요.

3. 다음을 연결하고 문장을 만드십시오.

1) 요즘 바쁘다. •	• 한국어를 공부하다.
2) 늦다. •	• 생겼어요.
3) 깨끗하다. •	• 생활하다.
4) 얼굴이 귀엽다. •	• 학교에 오다.
5) 매일 즐겁다. •	• 방을 청소하다.

1) 요즘 바쁘게 생활해서 건강이 나빠졌어요.

2) ______________________________.

3) ______________________________.

4) ______________________________.

5) ______________________________.

문법(3)

▲ -네요.

1. 다음 표를 완성하고 문장을 쓰십시오.

1) 

오늘 청주는 날씨가 덥네요.

2) 

이 사과가 정말 ____________________.

3) 

철수 씨가 ____________________.

4) 

아기가 ____________________.

5) 

겐지 씨는 ____________________.

2. 다음 상황을 읽고 알맞은 말을 쓰십시오.

1) 제임스 씨가 한국 뉴스를 듣고 한국 사람과 토론을 해요.

→ 제임스 씨가 한국어를 잘 하네요.

2) 인도의 여름은 최고 온도가 40℃가 넘어요.

→ ______________________________.

3) 이번에 본 시험의 평균 점수가 50점이 안 돼요.

→ ______________________________.

4) 진영 씨는 말랐지만 식사 때 밥을 두 공기 먹어요.

→ ______________________________.

5) 지난번에는 문화체험을 100명밖에 안 갔는데 이번에는 250명이 가요.

→ ______________________________.

3. 다음 대화를 완성하십시오.

1) 가 : 새로 산 옷인데 어때요?

나 : 수민 씨에게 잘 어울리네요.

2) 가 : 어서 오세요. 집을 구경해 보세요. 저희 집 어때요?

나 : 이사한 집이 정말 ______________________________.

3) 가 : 오늘 백화점에 사람이 정말 ______________________________.

나 : 오늘부터 세일이에요.

4) 가 : 창밖을 보세요.

나 : 어머, 눈이 많이 ______________________________.

5) 가 : 생일 축하해요. 이 꽃 받으세요.

나 : 고마워요. 꽃이 참 ______________________________.

어휘

1. 다음에서 나와의 관계에 알맞은 단어를 연결하십시오.

아버지의 형	•	•	이모
고모의 남편	•	•	고모부
어머니의 여동생	•	•	할머니
아버지를 낳으신 분	•	•	큰아버지
언니의 남편	•	•	형부

2. 빈 칸에 들어갈 알맞은 말을 쓰십시오.

중매	맏아들	외동딸	외아들	핵가족	분가하다

1) 우리 사회의 가족 형태가 대가족에서 ________________(으)로 변하고 있어요.

2) 맞선을 보고 하는 결혼을 ______________ 결혼이라고 한다.

3) 한국에서는 전통적으로 _______________이/가 부모님을 모시고 사는 일이 많다.

4) 다른 형제 없이 딸이 하나만 있을 때 그 딸을 _______________이라고/라고 하고 반대로 다른 형제 없이 아들만 한 명 있을 때 그 아들은 _________이라고/라고 부른다.

5) 결혼하고 부모님과 함께 살았는데 아이를 낳고 _____________게 됐어요.

03 패션 산업에 대해서 공부하고 싶어요.

문법(1)

▲ ~에 대해(서)

1. 다음 문장을 완성하십시오.

취직	결혼	한국 경제	여행지	대학 입학

1) 대학을 졸업하기 전에 <u>취직에 대해서</u> 생각해 보는 것이 좋아요.

2) 여행하기 전에 미리 ______________________ 알아보는 것이 좋아요.

3) 어제 여자 친구와 ____________________ 이야기했어요.

4) 저는 ____________________ 공부하기 위해 한국에 왔어요.

5) 선생님께 ______________________ 질문했어요.

2. 다음 보기에서 선택하여 문장을 완성하십시오.

1) 

<u>가족에 대한</u> 내용의 영화를 봤어요.

2) 

______________________ 책을 읽었어요.

3) 

여행사 직원에게 __________ 이야기를 들었어요.

4) 

선생님께 ________________ 질문을 했어요.

5) 

신문에서 _______________ 기사를 읽었어요.

3. 알맞은 말을 골라 다음 대화를 완성하십시오.

친구	시험	비자연장	한국어 발음	합격자 발표

1) 가 : 출입국 사무소에는 왜 가요?
   나 : <u>비자연장에 대해서</u> 알고 싶어서 가요.
2) 가 : 이번 쓰기 시험에서 뭘 썼어요?
   나 : 저는 고향에 사는 ____________________________ 썼어요.
3) 가 : 무슨 통화를 그렇게 길게 해요?
   나 : 민수 씨가 __________________________ 이야기를 했어요.
4) 가 : 이 책을 읽어 보세요. _________________________ 책인데 공부에 도움이 될 거예요.
   나 : 제가 발음이 나빠서 고민이 많았는데 고마워요.
5) 가 : 합격자 발표는 어디에서 알 수 있어요?
   나 : 대학교 홈페이지에 들어가면 _______________ 알 수 있을 거예요.

문법(2)

▲ -(는/ㄴ)다고 하다.

1. 다음을 간접화법으로 바꾸십시오.

1)

사라 : 저 사람은 누구예요? 수정 : 저 사람은 우리 반 학생이에요	
민영 : 저 사람이 누구예요? 사라 : 아까 수정 씨가 수정 씨 반 학생이라고 했어요.	

2)

민규 : 오늘은 날씨가 아주 좋아요. 인숙 : 네. 그렇네요.
미라 : 아까 민규 씨가 뭐라고 했어요? 인숙 : ______________________________.

3)

챙 : 학교에 몇 시에 가요? 웨이 : 매일 8시에 학교에 가요.
폴 : 웨이 씨는 보통 몇 시에 학교에 와요? 챙 : ______________________________.

4)

민수 : 아침은 몇 시쯤 드세요? 사라 : 저는 매일 7시에 아침을 먹어요.
제인 : 사라 씨는 몇 시에 아침을 먹어요? 민수 : ______________________________.

5)

웨이 : 이번에 문화 체험을 어디로 가요? 선생님 : 경주로 갈 거예요.
사라 : 이번 학기에는 어디로 문화 체험을 가요? 웨이 : ______________________________.

6)

민지 : 요즘 바쁘신 것 같아요. 몇 시쯤 퇴근을 해요? 민수 : 요즘은 회사 일이 많아서 늦게 퇴근해요.
인숙 : 요즘 민수 씨가 바쁜 것 같아요. 민지 : ________________________________.

7)

일기예보 : "내일은 날씨가 맑겠습니다."
민숙 : 내일 친구와 같이 등산을 가라고 하는데 날씨가 좋을까요? 미라 : ________________________________.

8)

샤오밍 : 어제는 무엇을 했어요? 메이린 : 어제는 친구하고 시내에서 쇼핑을 했어요.
링링 : 어제 메이린 씨가 뭐했는지 알아요? 샤오밍 : ________________________________.

9)

칭칭 : 지금 뭐해요? 장밍 : 저는 지금 불고기를 만들고 있어요.
마오 : 지금 장밍 씨는 뭐 해요? 칭칭 : ________________________________.

10)

에이미 : 칭칭 씨는 한국 사람이에요? 칭칭 : 저는 한국 사람이 아니에요.
마이클 : 칭칭 씨는 한국 사람이지요? 에이미 : ________________________________.

11)

사라 : 대학교에는 언제 입학해요? 은영 : 내년에 대학교에 입학할 겁니다.
수지 : 은영 씨가 언제 대학교에 입학하는지 알아요? 사라 : ________________________________.

12)

민수 : 한국의 겨울은 참 추운 것 같아요. 하리 씨 고향은 어때요?
하리 : 제 고향은 겨울에도 춥지 않습니다.

은숙 : 인도의 겨울 날씨는 어때요?
민수 : 하리 씨한테 들었는데 ______________________.

2. 철수 씨가 미영 씨에게 이야기한 내용을 선생님께 말해 보십시오.

철수 : 여보세요?
미영 : 여보세요.
철수 : 안녕하세요 미영 씨. 저 철수인데요. 1)제가 내일 학교에 못 갈 것 같아요.
미영 : 왜요? 철수 씨 무슨 일이 있어요?
철수 : 2)저희 부모님께서 내일 한국에 오셔서 공항으로 마중 나가야 해요.
미영 씨가 선생님께 말해 주세요.
미영 : 선생님께 직접 전화를 하지 그래요?
철수 : 3)시간이 너무 늦어서 전화를 할 수 없어요. 4)모레는 학교에 꼭 갈 거예요.
미영 : 알았어요. 내일 선생님께 말씀 드릴게요.

미영 : 선생님 오늘 철수 씨가 1) 학교에 못 올 것 같다고 했어요.
선생님 : 왜요? 무슨 일이 있다고 해요?
미영 : 철수 씨의 2)______________________.
선생님 : 직접 전화해도 되는데 미영 씨에게 부탁을 했군요.
미영 : 3)______________________.
4)______________________.

문법(3)

▲ -(으)라고 하다.

1. 다음을 간접화법으로 바꾸십시오.

1)

링링 : 어떻게 하면 공부를 잘 할 수 있어요? 선생님 : 수업 시간에 선생님의 설명을 잘 들으세요.	
메이린 : 아까 선생님이 무슨 말을 하셨어요? 링링 : 선생님께서 수업시간에 선생님의 설명을 잘 들으라고 했어요.	

2)

샤오밍 : 입학 서류를 언제까지 내야 합니까? 행정실 직원 : 입학 서류를 내일까지 사무실에 제출하십시오.
메이린 : 입학 서류를 다음 주에 내야겠어요. 샤오밍 : 안 돼요. ______________________.

3)

민수 : 여기에서 사진을 찍어도 돼요? 박물관 직원 : 여기에서는 사진을 찍지 마십시오.
수지 : 저 그림이 멋있으니까 사진을 찍어야겠어요. 민수 : 찍으면 안 돼요. ______________________.

4)

미영 : 공연장에 몇 시까지 들어가야 해요? 직원 : 공연이 10시니까 9시 30분까지 공연장에 들어오십시오.
수진 : 언제까지 공연장에 들어가야 해요? 미영 : ______________________.

5)

약사 : 밥을 먹고 30분 후에 이 약을 드세요. 수진 : 네. 알겠습니다.
미란 : 이 약은 언제 먹는 거예요? 수진 : ______________________.

2. 다음 설명서를 보고 친구에게 말하십시오.

1)

이 약은 하루에 세 번 드십시오. 유통기한이 지난 약은 드시지 마세요.

→ 이 약은 하루에 세 번 먹으라고 했어요. 유통기한이 지난 약은 먹지 말라고 했어요.

2)

물건에 문제가 있으면 구입 후 3일 안에 교환하십시오.

→ ______________________________.

3)

이 물건은 1년 동안 무료로 수리할 수 있으니까 고장이 나면 아래의 번호로 연락을 하십시오.

→ ______________________________.

4)

이 물건은 아이의 손이 닿지 않는 곳에 놓으세요.

→ ______________________________.

3. 다음을 '달라고 하다, 주라고 하다'를 사용하여 간접 화법으로 바꾸십시오.

1)

민규 : 이 꽃을 수미 씨에게 주세요. 미란 : 알았어요.
수미 : 이 꽃은 뭐예요? 왜 나한테 주는 거예요? 미란 : 민규 씨가 수미 씨에게 이 꽃을 주라고 했어요.

2)

샤오밍 : 저 지금 도서관에 가는데 같이 갈까요? 민수 : 미안하지만 이 책을 도서관에 반납해 주세요. 제가 수업이 있어요.	
미란 : 반납하는 책이 많네요. 샤오밍 : 이 책은 민수 씨 책이에요. ______________________.	

3)

직원 : 치마가 잘 맞아요? 손님 : 이 치마는 저한테 작으니까 좀 더 큰 사이즈로 보여 주세요.	
사장 : 아까 손님이 무슨 말을 했어요? 직원 : ______________________.	

4)

에이미 : 수진 씨, 제가 일이 있어서 철수 씨 생일 파티에 못 가요. 이 선물을 철수 씨에게 주세요. 수진 : 알겠어요. 일이 일찍 끝나면 꼭 오세요.	
철수 : 에이미 씨는 오늘 안 와요? 수진 : 네. 일이 있어서 못 온다고 해요. 이 선물을 철수 씨에게 ______________.	

5)

샤오밍 : 크리스 씨, 사전 좀 있으면 빌려 주세요. 크리스 : 미안해요. 오늘은 가지고 오지 않았어요.	
미란 : 샤오밍 씨가 뭐라고 했어요? 크리스 : ______________________.	

어휘

1. 다음을 알맞게 연결하십시오.

식품영양학 •	• 통역사가 되고 싶습니다.
컴퓨터공학 •	• 체육선생님이 되고 싶습니다.
영어영문학 •	• 멋있는 건물을 짓고 싶습니다.
체육학과 •	• 건강에 좋은 식단을 짜고 싶습니다.
건축학과 •	• 컴퓨터 프로그램을 개발하고 싶습니다.

2. 밑줄 친 부분에 들어갈 알맞은 말을 쓰십시오.

진학하다	지원하다	접수하다	적응하다

저는 6개월 전에 한국에 왔습니다. 저는 한국에 있는 대학에 1)____________(으)려고 왔습니다. 형은 저보다 먼저 한국에 와서 대학에 다니고 있습니다. 처음에는 한국의 문화와 음식이 익숙하지 않았지만 형이 있어서 잘 2)____________(으)ㄹ 수 있었습니다. 저는 한국의 소설과 시를 읽으면서 국어국문학과에서 공부하고 싶었습니다. 그래서 충북대학교 국어국문학과에 3)____________. 어제 인터넷으로 원서를 4)____________. 저는 꼭 합격해서 충북대학교에서 공부하고 싶습니다.

04 고향에 같이 가자고 해서 인터넷으로 정보를 찾고 있어요.

문법(1)

▲ -자고 하다.

1. 다음을 간접화법으로 바꾸십시오.

1)

민규 : 방학 때 같이 바다를 보러 갑시다. 사라 : 좋아요. 같이 가요.
미영 : 이번 방학 때 무슨 계획이 있어요? 사라 : 민규 씨가 방학 때 같이 바다를 보러 가자고 했어요. 그래서 민규 씨와 함께 바다를 보러 갈 거예요.

2)

수진 : 이번 집들이에는 어떤 음식을 준비할까요? 태웅 : 친구들이 불고기를 좋아하니까 불고기를 만듭시다.
미라 : 집들이에 어떤 음식을 준비할 거예요? 수진 : ______________________________.

3)

세희 : 교실이 좀 더운데 에어컨을 켭시다. 샤오밍 : 네. 좋아요.
선생님 : 세희 씨가 방금 뭐라고 했어요? 샤오밍 : ______________________________.

4)

선생님 : 앞으로 수업시간에는 한국말로만 이야기를 합시다. 학생들 : 좋아요. 그렇게 해요.
폴 : 지금 선생님께서 무슨 말씀을 하신 거예요? 수진 : ______________________________.

5)

수진 : 내일 친구들과 등산을 가요. 태웅 씨도 같이 갑시다. 태웅 : 좋아요. 같이 갑시다.
미영 : 내일 바쁜 일이 없으면 제가 이사하는데 좀 도와주세요. 태웅 : 미안해요. ______________________.

2. 다음 표를 보고 대화를 완성하십시오.

		나	친구
1	여행지	부산	제주도
2	교통편	배	비행기
3	숙소	호텔	민박
4	음식	회	돼지고기
5	기타	다른 친구도 함께	우리 둘만

태웅 : 세희 씨, 이번에 친구랑 여행간다고 했지요? 어디로 가요?
세희 : 저는 부산으로 가고 싶은데 1) <u>친구가 제주도로 가자고 했어요</u>.
그래서 제주도로 가요.
태웅 : 제주도 까지는 뭘 타고 가요?
세희 : 저는 배를 타고 가고 싶은데 2) ______________________.
그래서 비행기를 타고 가요.
태웅 : 제주도에 가면 어디에서 묵을 거예요?
세희 : 저는 호텔에서 자고 싶은데 친구가 호텔은 숙박비가 너무 많이 드니까
3) ______________________.
태웅 : 그래도 제주도에 가면 맛있는 음식이 많이 먹을 수 있어서 좋겠어요.
세희 : 저는 회를 먹고 싶은데 친구는 회를 못 먹으니까
4) ______________________.
태웅 : 그렇게 생각이 다르면 두 사람이 여행 가서 싸우겠어요.
다른 친구도 함께 데리고 가는 게 어때요?
세희 : 저는 여러 친구들과 가고 싶은데 그러면 너무 시끄러우니까 그 친구는
5) ______________________.
태웅 : 그래도 오랜만에 가는 여행이니까 즐겁게 다녀오세요.

문법(2)

▲ -(느)/(으)냐고 하다.

1. 다음을 간접화법으로 바꾸십시오.

1)

린다	: 지금 밖에 비가 와요?
샤오밍	: 네. 비가 오고 있어요.
챙	: 린다 씨가 뭐라고 했어요?
샤오밍	: 밖에 비가 오냐고 했어요.

2)

세라	: 스미스 씨, 여자 친구가 예뻐요?
스미스	: 네. 아주 예뻐요.
샤오밍	: 아까 세라 씨가 뭐라고 했어요?
스미스	: ____________________.

3)

택배 배달원	: 어느 분이 김 선생님이세요?
김 선생님	: 네. 전데요.
이 선생님	: 아까 그 사람이 무슨 이야기를 했어요?
김 선생님	: ____________________.

4)

세라	: 그 식당 음식은 맛이 어때요?
스미스	: 맛있어요. 그래서 항상 손님이 많아요.
샤오밍	: 아까 세라 씨가 무슨 이야기를 했어요?
스미스	: ____________________.

5)

세라	: 어제 누구하고 공연을 봤어요?
스미스	: 민영 씨하고 같이 봤어요.
민영	: 아까 세라 씨가 뭐라고 했어요?
스미스	: ____________________.

6)

민주 : 지금 무슨 책을 읽어요? 폴 : 한국의 역사에 대한 책을 읽고 있어요.	
샤오밍 : 아까 민주 씨가 무슨 질문을 했어요? 폴 : ______________________________.	

7)

에이미 : 방학 동안 무엇을 할 거예요? 스미스 : 운전을 배우고 싶어요.	
샤오밍 : 에이미 씨가 무슨 질문을 했어요? 스미스 : ______________________________.	

2. 다음 질문을 간접화법으로 바꾸십시오.

손님 : 거기 놀이 공원이지요?
직원 : 네. 그런데요.
손님 : 1) 몇 시부터 문을 열어요?
직원 : 10시부터 문을 열어요.
손님 : 2) 입장료가 얼마예요?
직원 : 만 오천 원입니다.
손님 : 3) 밥은 어떻게 먹을 수 있어요? 4) 도시락을 준비해야 해요?
직원 : 도시락을 준비해 오셔도 되고, 식당이 있으니까 식당에서 사 드셔도 됩니다.
손님 : 네. 알겠습니다. 그런데 5) 오늘 손님이 많을 것 같아요?
직원 : 평일에는 손님이 없는 편이에요.
손님 : 친절하게 이야기 해 주셔서 감사합니다.

아르바이트 학생 : 오늘 아르바이트 첫 날이라서 손님들이 어떤 질문을 하는지 궁금해요.

직원 : 여러 가지 질문을 하는데 방금 전화 하신 분은
1) 몇 시부터 문을 여냐고 했어요.
그리고 2) ______________________________.
그리고 3) ______________________________.
그리고 4) ______________________________.
그리고 4) ______________________________.

아르바이트 학생 : 아, 그런 질문을 많이 하시는군요. 알겠어요. 고맙습니다.

문법(3)

▲ −(으)며

1. 다음 표를 보고 문장을 완성하십시오.

1	휴대 전화	기능이 많다.	디자인이 예쁘다.
2	강원도	산이 있다.	바다가 있다.
3	내일 날씨	바람이 많이 분다.	비가 조금 내린다.
4	가방	크기가 크다.	주머니가 많다.
5	영화	재미있다.	감동적이다.

1) 이 휴대 전화는 기능이 많으며 디자인이 예뻐요.

2) 강원도는 ________________ 여름에 한국 사람들이 많이 여행을 갑니다.

3) 내일은 ________________________________.

4) 이 가방은 ______________ 여행 다닐 때 사용하시면 아주 편리합니다.

5) 저 영화는 ________________________________.

2. 다음 대화를 완성하십시오.

1) 가 : 민수 씨의 고향은 어떤 곳이에요?
   나 : 제 고향은 경치가 좋으며 인심도 좋은 곳이에요.

2) 가 : 담임선생님은 어떤 분이세요?
   나 : ________________________________.

3) 가 : 그 소설은 어떤 내용이에요?
   나 : ________________________________.

4) 가 : 이 전자사전은 어떤 점이 좋습니까?
   나 : ________________________________.

5) 가 : 어제 미선 씨 생일 파티에서는 뭘 했어요?
   나 : ________________________________.

3. '-(으)며' 를 사용해서 아래와 같이 말하십시오.

1	충북대학교	학교가 크며 나무도 많으며 선생님도 친절해요. 여러 가지 시설이 좋으며 전공도 다양해요.
2	내 친구	• ______________________. • ______________________.
3	내 고향	• ______________________. • ______________________.
4	주말에 한 일	• ______________________. • ______________________.
5	친구를 만나서 하는 일	• ______________________. • ______________________.

어휘

1. 빈 칸에 들어갈 알맞은 말을 고르십시오.

국가	국기	공용어	인구	수도

1) 올림픽에서 금메달을 따고 시상식을 할 때 금메달을 딴 선수의 __________이/가 올라가면서 그 나라의 ____________이/가 연주됩니다.
2) 그 나라에서 공통으로 사용되는 언어를 ______________(이)라고 합니다. 이것이 하나인 나라도 있지만 여러 개 있는 나라도 있습니다.
3) 그 나라에 사는 사람의 수를 ____________(이)라고 하는데 세계에서 가장 많은 나라는 중국입니다.
4) 한국의 _____________은/는 서울입니다. 경제, 문화, 정치가 가장 발달한 도시입니다.

2. 여러분 나라의 국기를 그려 보십시오.

우리나라 국기는 __________________________입니다.

국기의 의미는 ____

____

____

____

05 복습

어휘

[1~6] 빈 칸에 들어갈 알맞은 말을 고르십시오.

1. 선생님께서 이번 일에 대해서 거짓말하지 않고 (   ) 말하면 용서해 준다고 하셨다.
 ① 지루하게 ② 솔직하게 ③ 답답하게 ④ 무뚝뚝하게

2. 김 대리는 성격이 (   ) 일을 할 때 실수가 거의 없다.
 ① 꼼꼼해서 ② 덜렁대서 ③ 명랑해서 ④ 활발해서

3. 사람들은 모르는 사람을 평가할 때 (   )(으)로 그 사람을 평가하는 일이 많다.
 ① 적성 ② 성적 ③ 관계 ④ 첫인상

4. 그는 오남매의 (   )(으)로 형과 누나의 사랑을 받으면서 자랐다.
 ① 장남 ② 장녀 ③ 막내 ④ 외아들

5. 선생님의 질문에 대답을 못 한 철수 씨는 (   ) 얼굴이 빨개졌다.
 ① 신나서 ② 지루해서 ③ 외로워서 ④ 부끄러워서

6. 강원도는 산, 바다, 계곡, 강 등 다양한 (   )이/가 있습니다.
 ① 볼거리 ② 들을 거리 ③ 읽을거리 ④ 먹을거리

[7] 밑줄 친 말과 뜻이 **반대인** 것을 고르십시오.

7. 성격이 <u>내성적</u>인 사람은 모르는 사람을 처음 만났을 때 쉽게 말을 걸지 못한다.
 ① 긍정적 ② 부정적 ③ 소극적 ④ 외향적

[8~10] 밑줄 친 말과 바꿔 쓸 수 있는 말을 고르십시오.

8. 그 회사에 지원하려면 다음 주 금요일 5시까지 입사원서를 꼭 <u>내야</u> 합니다.
 ① 설명하다 ② 납부하다 ③ 제출하다 ④ 수료하다

9. 대학교에 입학하면 영어 동아리에 <u>가입해서</u> 영어를 배우고 싶습니다.

① 넣어서　② 들어가서　③ 적응해서　④ 전공해서

10. 부산에서는 매년 부산국제영화제가 <u>열려서</u> 가을이 되면 많은 관광객이 부산에 갑니다.

① 보내서　② 나가서　③ 들어가서　④ 개최돼서

[11~12] 공통으로 들어갈 동사를 고르십시오.

11.

우리 하숙집 아주머니는 어머니처럼 저를 (　　　　) 주셨어요. 할아버지, 이제 연세가 많으시니까 건강을 (　　　　). 어머니가 외출하셔서 오후에는 동생을 (　　　　).

① 돕다　② 지키다　③ 돌보다　④ 보호하다

12.

예전에는 맞선을 (　　　　) 결혼하는 중매결혼이 더 많았다. 제가 음식을 만들었는데 맛을 좀 (　　　　) 주세요. 길을 건널 때는 신호등을 잘 (　　　　) 건너야 한다.

① 하다　② 주다　③ 보다　④ 찾다

문법

[1~5] 다음 대화에 들어갈 알맞은 말을 고르십시오.

1. 가 : 한국에 언제부터 살았어요?
   나 : 한국에 __________ 10년 됐어요.

① 산 지 ② 살 때
③ 살면서 ④ 사는 동안

2. 가 : 의과대학에 다니다가 컴퓨터로 전공을 바꾼 이유는 무엇입니까?
   나 : 제가 바이러스에 걸린 컴퓨터를 고치다가 컴퓨터에 관심이 생겨서 전공을 __________.

① 바꾼 편이에요 ② 바꾸는 길이에요
③ 바꾸게 되었어요 ④ 바꾸기가 쉬워요

3. 가 : 오늘은 날씨도 추운데 왜 그렇게 옷을 얇게 입고 왔어요?
   나 : 별로 춥지 않은데요.
   가 : 그런데 지금 미선 씨를 보면 __________.

① 추우면 안 돼요 ② 추워 보여요
③ 추운 줄 알았어요 ④ 추우면 좋겠어요

4. 가 : 감기에 걸린 것 같은데 병원에 다녀왔어요?
   나 : 네. 의사 선생님이 약을 먹고 푹 __________ 했어요.

① 쉰다고 ② 쉬자고
③ 쉬라고 ④ 쉴 것이냐고

5. 가 : 입원했다고 들었는데 벌써 퇴원하셨어요?
   나 : 네.
   가 : 앞으로는 아프지 말고 __________ 지내세요.

① 건강하게 ② 건강한 동안
③ 건강하도록 ④ 건강한 것처럼

[6~7] 밑줄 친 말과 같은 의미를 고르십시오.

6. 제인 씨 오늘 옷차림이 아주 _멋있네요_.

① 멋있지요　　② 멋있군요

③ 멋있으면 좋겠어요　　④ 멋있어졌어요

7. 요즘 이상해요. 잠을 많이 자는데도 잠을 안 잔 것_처럼_ 피곤해요.

① 거나　　② 으로　　③ 보다　　④ 같이

[8~10] 다음 밑줄 친 부분이 **틀린 것**을 고르십시오.

8.

① 선생님이 방학에 뭐 _할 거냐고_ 해서 여행갈 거라고 했어요.

② 민수 씨는 내일부터 시험이라서 도서관에 _가는냐고_ 했어요.

③ 어머니께서 시장에 같이 _가자고 해서_ 지금 시장에 가고 있어요.

④ 미연 씨가 그 분이 자기 _어머니라고 해서_ 어머니께 인사를 했어요.

9.

① 아이가 아버지께 용돈을 _주라고 했어요_.

② 친구가 나한테 사전을 _빌려 달라고 했어요_.

③ 친구가 바빠서 전화를 대신 _받아 달라고 했어요_.

④ 선생님께서 책을 도서관에 _반납해 달라고 했어요_.

10.

① 친구 부모님이 어디에 _사냐고 했어요_.

② 날씨가 추우니까 밖에 나가지 _않자고 했어요_.

③ 친구가 내일 영화를 같이 보러 _가자고 했어요_.

④ 선생님이 시험기간이니까 열심히 _공부하라고 했어요_.

쓰기

[1~4] 밑줄 친 부분에 들어갈 말을 고르십시오.

1. 가 : 저기 민수 씨 아니에요?
   나 : 민수 씨가 ______________. 내일 시험을 본다고 했는데 도서관에 가는 것 같아요.
   ① 맞네요　　② 아니군요
   ③ 올게요　　④ 왔으면 좋겠어요

2. 가 : 이번 방학에는 뭐 하면서 지낼 거예요?
   나 : 아직 자세한 계획은 없지만 ______________________________.
   ① 언제부터 방학인지 잘 모르겠네요
   ② 선생님은 여행 계획이 있다고 해요
   ③ 수민 씨한테 물어 보는 게 좋겠어요
   ④ 책도 읽으며 여행도 다니며 보내려고 해요

3. 가 : 고향 사진을 보니까 고향에 너무 가고 싶어요.
   나 : 저도 ______________________________.
   ① 고향에 도착했을 것 같아요
   ② 요즘 고향 사진을 찍은 적이 없어요
   ③ 요즘 고향에 가고 싶어서 병이 날 것 같아요
   ④ 고향에 가기로 했으니까 사진을 보여 주세요

4. 가 : 대학 졸업 후의 진로에 대해서 생각해 봤어요?
   나 : 네. 졸업을 하면 ______________________________.
   ① 전공을 뭘 해야 할지 고민하고 있어요
   ② 다른 사람의 진로를 알 수 있을 테니까요
   ③ 다시 공부를 하기가 쉽지 않다고 했어요
   ④ 전공을 살려서 무역회사에 취직하고 싶어요

[5~7] 제시된 표현을 순서대로 모두 사용하여 한 문장을 만드십시오.

5.

한국에 오다 / 3년이 되다 / 김치를 못 먹다

____

6.

제임스 씨는 외국 사람이다 / 한국 사람 / 한국말을 잘하다

____

7.

동창회에 가다 / 옛 친구를 만나다 / 기쁘다

____

[8~9] 다음 내용과 **다른 것**을 고르십시오.

8.

2020학년도 신입생 모집 안내

접수기간 : 2019. 12. 22(목) ~ 27(화) (9:00~17:00)
접수방법 : 인터넷 접수 (www.jinhakapply.com)

문의 043-261-2088~9 (입학관리과)
043-261-3662 (상담실)

⇓

현재 ① 충북대학교는 2020년에 입학할 학생을 모집하고 있으며 ② 접수기간은 22일 오전 9시부터 27일 오후 7시까지입니다. 대학 입학에 대해서 ③ 궁금한 점이 있으면 입학관리과나 상담실로 문의하면 됩니다. 그리고 원서 접수는 ④ 인터넷으로만 접수가 가능합니다.

9.

▣ **등록금 납부** (문의 : 경리과 Tel. 043-261-2047)

1. 등록금 납부 고지서 :
   본교 홈페이지(www.chungbuk.ac.kr)에서 본인이 직접 출력

2. 등록금 납부 :

납 부 기 간	납 부 장 소
2018. 1. 26(목) ~ 1. 30(월) (은행 영업마감시간까지)	농협 전 지점

※ 등록 기간 내에 등록금을 납부하지 않으면 합격이 취소됨
※ 등록금은 ATM, 폰뱅킹, 인터넷뱅킹으로도 납부 가능

⇓

대학 등록금을 납부하려면 먼저 ①등록금 고지서를 본인이 직접 은행에 가서 출력해야 합니다. 그리고 ②등록금은 1월 30일 은행 영업이 끝나기 전까지 내야 합니다. 만약 ③ 1월 30일까지 등록금을 내지 않으면 합격이 취소됩니다. 등록금 납부는 ④은행에 가지 않고 ATM이나 인터넷으로도 낼 수 있습니다.

듣기

[1~3] 다음을 잘 듣고 물음에 답하십시오.

1. 무엇에 대한 내용인지 맞는 것을 고르십시오.

① 자기소개 ② 학업 계획

③ 면접시험 ④ 고향 소개

2. 대화를 듣고 일치하는 것을 고르십시오.

① 헨리는 한국에 오기 전에 한국어를 배운 적이 없다.

② 헨리는 덜렁거리는 성격 때문에 물건을 잘 잃어버린다.

③ 헨리는 첫인상이 따뜻해서 누구나 쉽게 친해질 수 있다.

④ 헨리는 한국에서 대학을 다니고 싶어서 한국에 오게 됐다.

3. 헨리의 요즘 생활과 **다른 것**을 고르십시오.

① 친구들과 가끔 저녁에 술을 마신다.

② 충북대학교에서 한국어를 배우고 있다.

③ 한국 음식에 적응하지 못해서 좀 힘들다.

④ 주말마다 친구들과 모여서 축구 경기를 본다.

읽기

[1~3] 다음을 읽고 물음에 답하십시오.

여러분은 혈액형과 성격이 관계가 있다고 생각하십니까? 어떤 사람들은 혈액형으로 그 사람의 성격을 알 수 있다고 생각합니다. 이런 생각은 1920년대 일본의 심리학자 후루카와가 혈액형과 사람의 특징에 대한 논문을 발표하면서 시작되었습니다. 그 이후 1971년 일본의 방송작가 노미 마사히코가 〈혈액형으로 인간을 아는 책〉을 발표하고 나서 대중에게 많이 알려졌습니다.

혈액형 성격학에서는 A형은 조용하고 책임감이 강한 편이라고 합니다. B형은 활발하고 호기심이 많으며 새로운 것을 좋아한다고 합니다. O형은 활동적이고 외향적인 성격을 가지고 있다고 합니다. AB형은 A형과 B형의 특징을 모두 가지고 있는데 싫고 좋은 것이 분명하다고 합니다.

과연 혈액형은 정말 성격과 관계가 있는 것일까요? 다른 나라 사람들은 대부분 혈액형과 성격이 관계가 없다고 생각합니다. 반면에 한국 사람들은 (　　㉠　　).

1. 이 글의 제목으로 알맞은 것을 고르십시오.

① 혈액형과 성격　　② 일본의 심리학자
③ 혈액형에 대한 논문　　④ 한국 사람들의 성격

2. 이 글의 내용과 **다른 것**을 고르십시오.

① A형의 성격은 내성적이고 책임감이 많은 편이다.
② 혈액형과 성격의 관계에 대해 1920년대 처음 연구되었다.
③ 일부의 사람들은 혈액형과 사람의 성격이 관계있다고 생각한다.
④ 일본의 방송작가가 혈액형에 대해서 쓴 책은 관심을 받지 못했다.

3. ㉠에 들어갈 알맞은 말을 고르십시오.

① 혈액형과 성격이 관계있다고 믿습니다
② 혈액형에 관심이 없는 편이라고 합니다
③ 혈액형과 성격의 관계를 연구하는 것을 좋아합니다
④ 혈액형으로 사람의 성격을 알 수 없다고 생각합니다

| 쉽게 말하는 한국어 3 활용 |

2과 집안일

01 봄도 됐는데 우리 대청소할래요?

문법(1)

▲ -(으)ㄹ래요.

1. 다음 대화를 완성하십시오.

1) 가 : 점심을 먹고 공원에서 산책할래요?
나 : 네. 그럽시다.

2) 가 : 내일 이사를 하는데 ______________________________?
나 : 당연히 도와야죠. 몇 시까지 가면 될까요?

3) 가 : 이번 주말에 시내에 ______________________________?
나 : 글쎄요. 다음 주에 시험이 있어서 시간이 없을 것 같아요.

4) 가 : 이 영화가 재미있어 보여요. 이 영화를 ______________________________?
나 : 저는 공포 영화를 싫어해요. 다른 것을 보면 좋겠어요.

5) 가 : 사전 좀 ______________________________?
나 : 여기 있어요.

6) 가 : 은행에 가는데 부탁할 것 있어요?
나 : 그러면 이 카드로 돈 좀 ______________________________?

7) 가 : 제가 만든 음식인데 한번 ______________________________?
나 : 정말 사라 씨가 만들었어요?

8) 가 : 이번 주말에 ______________________________?
나 : 미안해요. 몸이 좀 안 좋아서 집에서 ______________________________.

9) 가 : 크리스마스에 친구들과 같이______________________________?
나 : 그거 좋은 생각이에요. 어디에서 ______________________________?

10) 가 : ______________________________?
나 : ______________________________.

2. 여러분은 어떻게 하겠습니까? 다음 표를 완성하고 문장을 쓰십시오.

질문	선 택	이 유
옷	바지 / 치마	디자인이 예쁘다.
주말여행	제주도 / 경주	유적지가 많다.
졸업 후	대학원 진학 / 취직 / 귀국	돈을 벌어야 한다.

1) 가 : 바지를 살래요? 치마를 살래요?
   나 : 디자인이 예쁘니까 치마를 살래요.

2) 가 : 이번 주말에 어디로 여행을 갈래요?
   나 : ________________________________.

3) 가 : ________________________________?
   나 : ________________________________.

4) 가 : ________________________________?
   나 : ________________________________.

문법(2)

▲ -아/어/여요.

1. 다음 대화를 완성하십시오.

1) 가 : 선생님, 언제까지 사진을 내야 해요?
   나 : 모레까지 내요.
2) 가 : 영민 씨, 방이 너무 더러워요. ______________________.
   나 : 요즘 너무 바빠서 청소할 시간이 없었어요.
3) 가 : 진호 씨, 왜 이렇게 빨리 가요? 같이 ______________________.
   나 : 벌써 늦었어요. 서둘러서 가야 하니까 빨리 와요.
4) 가 : 메이린 씨, 아직도 아파요?
   나 : 네. 어제보다 더 아파요.
   가 : 지금 나하고 같이 ______________________.
5) 가 : 제가 선물한 옷이 마음에 들지 않으면 ______________________.
   나 : 아니에요. 마음에 들어요.

2. 크리스마스 파티를 하려고 합니다. 누가 무엇을 하면 좋을까요? 반장이 되어서 반 학생들에게 해야 할 일을 말해 주세요.

할 일	준비하는 사람
크리스마스트리 장식하기	아사코, 진신
과일과 음료수 장보기	밍밍
케이크 만들기	미니
사진 찍기	강건
카드 가져오기	모두
음악 준비하기	사오리

지금부터 이번 주말에 있을 크리스마스 파티 준비에 대해서 말씀드리겠습니다. 먼저 아사코 씨와 진신 씨는 크리스마스트리를 장식해요. 그리고 파티에서 먹을 과일과 음료수는 밍밍 씨가 마트에 가서 1) ______________. 파티를 하면서 들을 음악은 사오리 씨가 2) ______________. 미니 씨는 파티에서 먹을 케이크를 3) ______________. 강건 씨는 카메라를 준비해서 파티에 온 사람들의 사진을 4) ______________. 크리스마스카드는 우리 모두 써야 하니까 카드를 한 장씩 5) ______________. 모두 잘 들었지요? 즐거운 파티가 되도록 우리 모두 열심히 6) ______________.

문법(3)

▲ -(으)니까요.

1. 다음 그림을 보고 대화를 완성하십시오.

1)

이따가 오세요. 지금 회의하니까요.

2)

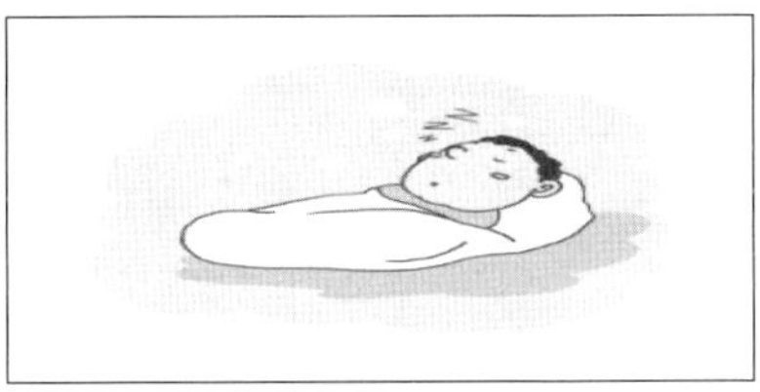

조용히 하세요. ____________________.

3)

택시타고 갑시다. ____________________.

4)

한턱낼게요. ____________________.

5)

먹을 수 없어요. ____________________.

6)

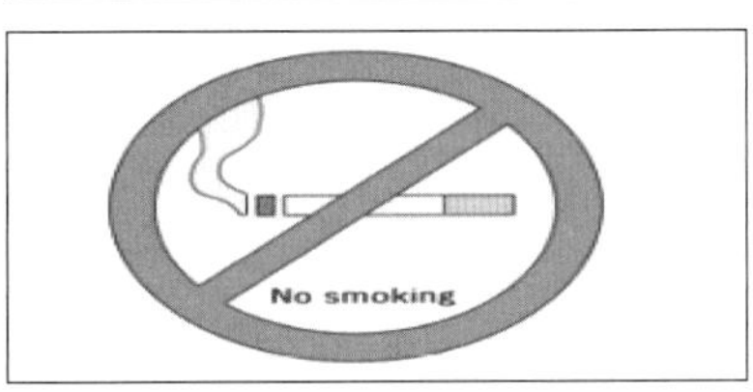

____________________.

2. 다음을 연결하고 문장을 만드십시오.

도서관에 사람이 많다. •	• 눈이 오다.
졸업식에서 울다. •	• 문화가 다르다.
제주도는 여행지로 유명하다. •	• 다른 옷이 있다.
실수가 많다. •	• 시험기간이다.
날씨가 추워지다. •	• 친구를 못 만나다.
옷을 벗어주면 감기에 걸리다. •	• 경치가 아름답다.

1) 가 : 제주도는 여행지로 유명하지요?

나 : 네. 유명해요. 경치가 아름다우니까요.

2) 가 : 날씨가 추워졌어요.

나 : ______________________________.

3) 가 : 도서관에 사람이 많아요?

나 : 네. 많아요. ______________________________.

4) 가 : 저는 유학생활을 처음 시작했을 때 실수가 많았어요.

나 : 저도 실수가 많았어요. 나라마다 ______________________________.

5) 가 : 졸업식에서 왜 울었어요?

나 : 슬퍼서요. 졸업을 하면 ______________________________.

6) 가 : 추워 보여요. 제 옷을 입으세요.

나 : 저한테 옷을 벗어주면 감기에 걸릴 거예요.

가 : 괜찮아요. ______________________________.

어휘

1. 다음 보기에서 알맞은 단어를 골라 문장을 완성하십시오.

청소기	빗자루	먼지떨이	걸레	쓰레받기

1) 민수 : 과자를 바닥에 흘렸네요. 바닥을 쓸어야하니까 ________와/과 ______ 을/를 가지고 오세요.
   미영 : 네. 제가 가지고 와서 치울게요.
2) 수지 : 권봉 씨, 휴지 좀 주세요. 의자 위에 물기가 있어서요.
   권봉 : 휴지가 없는데 이 __________(으)로 닦을래요?
3) 사라 : 방이 너무 지저분해요. __________을/를 좀 돌려야겠어요.
   수진 : 제가 할게요. 사라 씨는 걸레로 방을 닦아 주세요.
4) 남편 : 여보, 창문 위에 있는 먼지는 어떻게 청소해야 해요?
   아내 : 이 __________(으)로 떨면 돼요.

2. 다음 보기에서 알맞은 것을 골라 문장을 완성하십시오.

환기하다	닦다	정리하다	떨다	돌리다

1) 청소를 하기 전에 창문을 열고 ____________________.
2) 방바닥과 책상 위에 있는 물건들을 ____________________.
3) 먼지떨이로 선반이나 창틀의 먼지를 ____________________.
4) 청소기를 ______________ 바닥을 청소합니다.
5) 물걸레로 바닥을 깨끗이 ____________________.

02 빨래가 이것밖에 없어요?

문법(1)

▲ ~밖에

1. 다음 문장을 바꾸어 쓰십시오.

1) 어제 대학동창회에 세 명만 왔어요.
→ 동창회에 세 명밖에 안 왔어요.

2) 빵을 한 개만 먹었는데 배가 불러요.
→ ______________________.

3) 풀지 않은 문제가 많은데 시험 시간이 10분 남았네요.
→ ______________________.

4) 우리 반에는 여학생이 2명이 있고 남학생은 13명 있어요.
→ ______________________.

5) 저는 회사에 들어간 지 얼마 안 돼서 민수 씨와 철수 씨만 알아요.
→ ______________________.

2. 다음 대화를 완성하십시오.

1) 가 : 철수 씨, 잘 잤어요?
나 : 아니요. 할 일이 많아서 1시간밖에 못 잤어요.

2) 가 : 지금 교실에 학생이 많아요?
나 : 아니요. ______________________.

3) 가 : 아버지께서 용돈을 얼마나 주셨어요?
나 : 이번 달에는 ______________________.

4) 가 : 비행기 출발 시간이 얼마나 남았어요?
나 : 빨리 서둘러야겠어요. ______________________.

5) 가 : 오후에 저하고 같이 영화를 봅시다.
나 : 안 돼요. 선생님이 숙제를 여러 가지 내셨는데 ______________.

6) 가 : 우리 점심에 라면을 먹을까요?
나 : 네. 그런데 라면이 ______________. 제가 더 사 올게요.

문법(2)

▲ -(으)려고요.

1. 다음 표를 완성하고 문장을 만드십시오.

	행동	목적
1	미장원에 가다.	머리를 자르다.
2	병원에 가다.	친구 병문안을 하다.
3	케이크와 선물을 사다.	여자 친구에게 주다 .
4	은행에 가다.	돈을 찾다.
5		

1) 미장원에 가요. 머리를 자르려고요.
2) ______________________.
3) ______________________.
4) ______________________.
5) ______________________.

2. 다음 대화를 완성하십시오.

1) 가 : 진호 씨, 저녁 안 먹어요? 왜 밥을 안 해요?
나 : 피곤해서 식당에서 사 먹으려고요.

2) 가 : 영미 씨, 왜 집에 일찍 가요?
나 : 머리가 아파서 ______________________.

3) 가 : 요즘 영어학원에 다닌다고 들었어요. 갑자기 영어 공부는 왜 해요?
나 : ______________________.

4) 가 : 왜 그렇게 큰 가방을 사요?
나 : 다음 주가 휴가라서 ______________________.

5) 가 : 메이린 씨, 어디에 가요?
나 : 학교에 가요. ______________________.

6) 가 : 어? 바이멍 씨, 그렇게 쓰레기를 ______________________?
나 : 네. 왜요? 이렇게 버리면 안 되나요?
가 : 네. 분리수거해서 버려야 해요.

7) 가 : 책을 그렇게 많이 빌려서 뭘 ______________________?
나 : 이번 주말에 리포트를 좀 쓰려고요.

문법(3)

▲ -아/어/여서요.

1. 다음 그림을 보고 대화를 완성하십시오.

1) 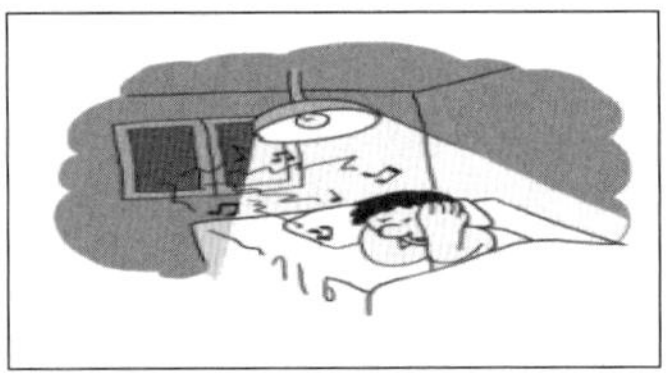

잠을 잘 수가 없어요. 밖이 시끄러워서요.

2) 

배가 아파요. ______________________.

3) 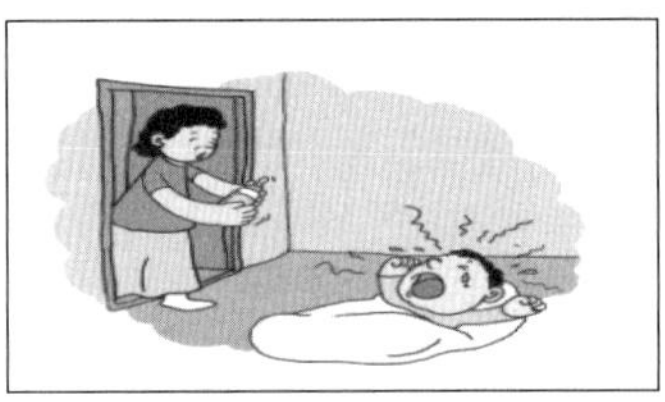

아기가 울어요. ______________________.

4) 

이번 달에는 만날 시간이 없어요.__________.

5) 

머리를 짧게 자르고 싶어요. ___________.

2. 다음 대화를 완성하십시오.

1) 가 : 어제 학교에 왜 안 왔어요?
나 : 몸이 아파서요.
가 : 그런데 숙제를 해 왔네요. 어떻게 숙제를 했어요?
나 : 친구가 ______________________________.

2) 가 : 아사코 씨, 우리 토요일에 공포 영화를 볼래요?
나 : 싫어요. 저는 공포 영화를 좋아하지 않아요. ______________.
가 : 그럼, 무슨 영화를 좋아해요?
나 : 코미디 영화를 좋아해요. ______________________.

3) 가 : 왜 이렇게 밥을 못 먹어요? 반밖에 못 먹었네요.
나 : ______________________. 친구가 한턱내서 아까 먹었어요.
가 : 친구가 왜 한 턱을 냈어요?
나 : 말하기 대회에서 ______________________.

4) 가 : 어제 낮에 전화했는데 왜 안 받았어요?
나 : 미안해요. 어제 낮에는 전화를 받을 수가 없었어요.
휴대 전화를 집에 ______________________.
가 : 그럼, 저녁에는 왜 전화를 안 받았어요?
나 : 저녁에도 전화를 받을 수 없었어요. 일찍 잤어요. 너무 ________.
정말 미안해요.

어휘

1. 보기에서 골라 알맞은 단어를 쓰십시오.

널다	말리다	걷다	개다	다리다	돌리다

1) 이 옷은 드라이클리닝을 해야 하는데 세탁기에 넣고 ______________ 옷이 작아졌어요.
2) 날씨가 정말 좋아요. 햇빛이 강해서 이불을 빨랫줄에 ______________ 좋겠어요.
3) 장마철에 빨래를 ______________ 때 선풍기를 사용하면 빨래가 빨리 말라요.
4) 갑자기 비가 와요. 마당에 있는 빨래를 빨리 ______________.
5) 옷이 많이 구겨졌군요. 옷을 입기 전에 다리미로 ______________.
6) 마른 빨래를 걷은 후에 잘 ______________ 옷장에 넣으세요.

2. 다음 세탁 기호에 맞는 문장의 번호를 쓰십시오.

1) (　　)　2) (　　)　3) (　　)　4) (　　)　5) (　　)

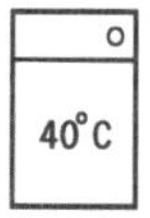

① 가 : 수지 씨, 그 옷이 지난달에 새로 산 옷 같은데 왜 그렇게 헌 옷이 됐어요?
나 : 따뜻한 물에 손으로만 빨아야 하는데 세탁기로 빨아서 이렇게 됐어요.

② 가 : 이 옷은 햇빛에 널면 안 돼요. 옷걸이에 걸어서 그늘에서 건조해야 해요.
나 : 그래요? 알려줘서 고마워요.

③ 가 : 윤아 씨, 어디 가세요?
나 : 세탁소에 가요. 드라이클리닝을 하려고요.

④ 가 : 이 옷은 어떻게 빨아야 해요?
나 : 세탁기로 빨아도 되고 손으로 빨아도 돼요.

⑤ 가 : 아노트 씨, 그 옷은 그렇게 짜면 안 돼요.
나 : 정말요? 그럼 어떻게 해야 해요?
가 : 헹군 후에 그냥 옷걸이에 걸어서 너세요.

03 그래야 환경오염도 줄일 수 있고요.

문법(1)

▲ -고요.

1. 다음 표를 완성하고 알맞은 대화를 쓰십시오.

1	여행가고 싶은 곳	스위스 / 영국
2	복권에 당첨이 되면 하고 싶은 일	집 사기 / 자동차 사기
3	수업 마지막 날에 하고 싶은 일	요리수업 / 친구들과 사진 찍기
4	사랑하는 사람과 같이 하고 싶은 일	/ 맛있는 음식 먹기
5	여자(남자)가 되면 하고 싶은 일	/

1) 가 : 어디로 여행을 가고 싶어요?
   나 : 스위스에 가고 싶어요. 영국에도 가고요.

2) 가 : 복권에 당첨되면 무엇을 하고 싶어요?
   나 : ______________________.

3) 가 : 오늘이 수업 마지막 날이라면 무엇을 하고 싶어요?
   나 : ______________________.

4) 가 : 사랑하는 사람이 생기면 무엇을 하고 싶어요?
   나 : ______________________.

5) 가 : 여러분이 여자(남자)가 되면 무엇을 하고 싶어요?
   나 : ______________________.

2. 다음 대화를 완성하십시오.

1) 가 : 수지 씨, 어떤 노래를 좋아해요?
   나 : 발라드를 좋아해요. 록도 좋아하고요.
2) 가 : 진신 씨, 밍밍 씨와 친하지요? 밍밍 씨는 어떤 사람이에요?
   나 : 밍밍 씨는 성격이 좋아요. ______________________.
3) 가 : 철수 씨, 학교에 왜 안 와요? 어디 아파요?
   나 : 감기에 걸려서 ______________________.
4) 가 : 진신 씨, 기분이 좋아 보여요. 좋은 일 있어요?
   나 : 네. 고향에서 ______________________.
5) 가 : 두 분은 외국인이라고 들었어요. 어디에서 오셨어요?
   나 : 저는 ______________________.
6) 가 : 사오리 씨, 부모님의 직업이 뭐예요?
   나 : ______________________.

3. 다음 표를 보고 대화를 써 보십시오.

날씨	바람이 많이 분다.	비가 많이 온다.
음식	회	돼지고기
관광지	천지연 폭포	한라산
특산품	돌하르방	귤
같이 가는 사람	친구	학교 선배

가 : 제주도가 진석 씨 고향이지요? 제가 이번에 제주도에 가는데 제주도 날씨는 어때요?

나 : 바람이 많이 불어요. 1) 비도 많이 오고요.

가 : 제주도에는 어떤 먹을거리가 있어요?

나 : 회가 유명해요. 2) ______________________.

가 : 그렇군요. 제주도에 가면 꼭 먹어 봐야겠어요. 볼거리는 어디가 유명해요?

나 : 천지연 폭포에 가 보세요. 3) ______________________.

가 : 여행이 끝나고 집에 올 때 무슨 선물을 사면 좋을까요?

나 : 돌하르방을 사는 것이 좋을 것 같아요. 4) ______________________.
그런데 제주도는 누구하고 가세요?

가 : 우리 반 친구들하고 같이 가요. 5) ______________________.

문법(2)

▲ -기는 하지만

1. 알맞은 것을 연결하고 문장을 쓰십시오.

1) 이 휴대 전화는 비싸다. •	• 그래도 피곤하다.
2) 오늘 기온이 낮다. •	• 너무 비싸서 부담스럽다.
3) 친구에게서 선물을 받다. •	• 디자인이 예뻐서 인기가 많다.
4) 버스 안에서 자다. •	• 바람이 불지 않아서 춥지 않다.
5) 이 책은 두꺼운 책이다. •	• 그림이 많아서 쉽게 읽을 수 있다.

1) 이 휴대 전화가 비싸기는 하지만 디자인이 예뻐서 인기가 많아요.

2) ______________________________.

3) ______________________________.

4) ______________________________.

5) ______________________________.

2. 다음 표를 완성하고 문장을 쓰십시오.

		장점	단점
1	리에	예쁘다	무뚝뚝하다
2	떡볶이	맛있다	
3	에어컨		전기료가 많이 나온다
4	철수	수학을 잘 한다	
5	기숙사		

1. 리에 씨는 예쁘기는 하지만 무뚝뚝해요.
2. 떡볶이는 ______________________________.
3. 에어컨은 ____________________ 전기료가 많이 나와요.
4. 철수 씨는 ______________________________.
5. 기숙사는 ______________________________.

3. 다음 대화를 완성하십시오.

1) 가 : 제민 씨, 숙제는 다 했어요?
나 : 숙제를 다 하기는 했지만 학교에 가지고 오지 않았어요.

2) 가 : 눈이 너무 많이 와서 학교에 못 갈 것 같아요.
나 : ______________________ 학교에 갈 수 있을 거예요.

3) 가 : 미니 씨, 한약이 너무 쓰죠?
나 : 한약이 ______________________ 몸에 좋으니까 먹어야지요.
가 : 그래요? 비싸지 않아요?
나 : 네. ______________________ 효과가 좋아요.

4) 가 : 수지 씨, 사오리 씨 어때요? 멋있지요?
나 : ______________________ 성격이 무척 소심하고 내성적이에요.
가 : 그럼 말이 없겠군요.
나 : ______________________ 할 말은 꼭 하는 편이에요

5) 가 : 리에 씨, 기분이 안 좋아 보여요. 무슨 일 있어요?
나 : 남자친구와 싸웠어요. 남자친구가 저에게 전화를 자주 하지 않아요.
가 : 그래요? 전화를 자주 ______________________ 리에 씨를 많이 사랑하는 것 같아요.
나 : 네. 저를 ______________ 사랑한다는 말은 잘 하지 않아요. 성격이 무뚝뚝해요.
가 : 성격이 ______________ 마음은 따뜻한 사람이니까 잘 만나 보세요.

문법(3)

▲ -(으)ㄹ 텐데

1. 다음을 연결하고 문장을 완성하십시오.

1) 오늘은 회사일이 많아서 바쁠 것이다. •	• 꼭 사야해요?
2) 잠시 후에 전화가 올 것이다. •	• 내일 만납시다.
3) 그 옷은 비쌀 것이다. •	• 집에 전화하세요.
4) 장학금을 받은 것을 알면 어머니가 기뻐할 것이다. •	• 걱정이에요.
5) 시험공부를 안 해서 점수가 안 좋을 것이다. •	• 꼭 받으세요.

1. 오늘은 회사일이 많아서 바쁠 텐데 내일 만납시다.
2. ______________________________.
3. ______________________________.
4. ______________________________.
5. ______________________________.

2. 다음 표를 완성하고 문장을 완성하십시오.

	상 황	추측
1	숙제를 하지 않았다.	선생님이 화를 내다.
2	시험이 끝나다.	시간이 있다.
3	일주일 동안 집에 전화를 하지 않았다.	
4	요즘 회사에 일이 많다.	

1) 숙제를 하지 않으면 선생님께서 화를 내실 텐데요.
2) ______________________________.
3) ______________________________.
4) ______________________________.

3. 다음 대화를 완성하십시오.

1) 가 : 빠른우편으로 보내 주세요.
나 : 소포가 무거워서 요금이 많이 들 텐데 괜찮아요?

2) 가 : 진신 씨, 그렇게 빨리 먹으면 ________________ 천천히 드세요.
나 : 네. 알겠어요.

3) 가 : 전 비빔냉면을 먹을래요.
나 : 비빔냉면은 ____________ 괜찮아요?
가 : 네. 매워도 먹어 볼래요.

4) 가 : 아노트 씨, 그렇게 모니터를 오래 보고 있으면 ____________ 좀 쉬세요.
나 : 쉴 수 없어요. 다음 주까지 보고서를 내야 해서요.

5) 가 : 오늘 일이 생겨서 주연 씨의 생일 파티에 못 갈 것 같아요.
나 : 현아 씨가 안 가면 주연 씨가 ____________________ 같이 가요.

6) 가 : 성민 씨는 술을 정말 좋아하는 것 같아요.
성민 씨가 술을 줄이면 좋겠어요. 그렇게 자주 마시면 __________.
나 : 네. 줄이도록 할게요.

4. 다음 상황을 보고 추측하여 쓰십시오.

1) 시험공부 때문에 3일 동안 잠을 못 잤어요.

피곤할 텐데 오늘은 푹 쉬는 게 좋겠어요.

2) 오늘은 날씨가 영하 20도라고 해요.

____.

3) 어제 저녁부터 먹은 음식을 전혀 먹지 않았어요.

____.

어휘

1. 다음 물건들은 어디에 버려야 합니까? 연결하십시오.

신문　　과자 봉지　　캔　　유리병　　플라스틱 그릇

2. 다음 보기에서 알맞은 것을 골라 문장을 완성하십시오.

음식물 쓰레기 수거함	종이 수거함	의류 수거함	플라스틱 수거함

1) 가 : 컵라면을 다 못 먹겠어요.
   나 : 그럼, 남은 건 ______________에 버리세요.
   가 : 라면 그릇은 어떻게 하죠?
   나 : 물로 씻은 후에 ___________에 버리세요. 재활용을 할 수 있어요.

2) 가 : 신문을 왜 쓰레기통에 버려요?
   나 : 그럼 어디에 버려요?
   가 : ______________에 버리세요. 신문은 분리수거를 해야 해요.
   나 : 유행이 지나서 입지 않는 옷도 분리수거 할 수 있어요?
   가 : 그럼요. ______________에 버리세요.

04 할인 쿠폰이 있어서 싸게 살 수 있어.

문법(1)

▲ ~(이)나

1. 다음 대화를 완성하십시오.

1) 가 : 철수 씨는 피자를 왜 안 먹어요?
   나 : 아까 친구 집에서 피자를 2판이나 먹었어요.
2) 가 : 밍밍 씨, 어제 잘 잤어요?
   나 : 네. 어제 저녁 9시부터 오늘 아침 7시까지 ____________ 잤어요.
3) 가 : 수지 씨는 외동딸이에요?
   나 : 아니에요. 언니가 ____________________________.
4) 가 : 민영 씨는 책을 읽는 것을 좋아해서 집에 책이 많다고 들었어요.
   나 : 맞아요. 민영 씨 집에는 책이 ____________________________.
5) 가 : 수지 씨, 방학동안 예뻐진 것 같아요. 다이어트를 했어요?
   나 : 네. 운동을 열심히 해서 살을 ____________________________.

2. 다음 표를 보고 문장을 완성하십시오.

		나	에릭
1	가족이 몇 명 있어요?	3명	8명
2	영화를 얼마나 자주 봐요?	한 달에 열 번	일 년에 두 번
3	전화요금이 얼마나 나와요?	만 오천 원	10만 원
4	한국어를 배운 지 얼마나 됐어요?	1달	5년
5	학교에서 집까지 얼마나 걸려요?	10분	1시간

1) 나는 가족이 3명밖에 없어요.
   에릭 씨는 가족이 8명이나 있어요.
2) 나는 ____________________________.
   에릭 씨는 영화를 일 년에 두 번 밖에 안 봐요.
3) 나는 전화 요금이 한 달에 만 오천 원밖에 안 나와요.
   에릭 씨는 ____________________________.
4) 나는 한국어를 배운 지 1달밖에 안 됐어요.
   에릭 씨는 ____________________________.
5) 나는 학교에서 집까지 ____________________________.
   에릭 씨는 ____________________________.

문법(2)

▲ 반말1

1. 다음 문장을 반말로 바꾸십시오.

1) 그 가방은 얼마입니까? → <u>그 가방은 얼마니</u>?
2) 내가 그렇게 말해서 서운했습니까? → ______________________?
3) 전공이 경제학입니까? → ______________________?
4) 보통 몇 시에 자요? → ______________________?
5) 사과 하나에 얼마예요? → ______________________?
6) 매운 음식을 드실 수 있어요? → ______________________?
7) 형님, 안녕히 주무셨어요? → ______________________?
8) 동생이 키가 커요? → ______________________?
9) 방학에 무엇을 할 거예요? → ______________________?
10) 제 이름은 아노트라고 해요. → ______________________.
11) 은행에서 돈을 찾았어요. → ______________________.
12) 이번 중간시험은 어려울 거예요. → ______________________.
13) 여기는 도서관이에요. → ______________________.
14) 제가 몸이 좀 아파서 병원에 다녀왔어요.
→ ______________________.

2. 다음 대화를 완성하십시오.

1) 손자 : 할머니, 저녁 드셨어요?
할머니 : 응. <u>먹었어</u>.
2) 아들 : 아버지, 언제 산책하러 가실 거예요?
아버지 : 저녁을 ______________________.
3) 동생 : 누나, 엄마가 누나한테 청소하고 ______________________.
누나 : 내가 지금 바쁘니까 네가 설거지 좀 할래?
4) 아이 : 엄마, 저 자동차 장난감 갖고 싶어요.
엄마 : 집에 장난감이 많이 있는데 자동차를 또 ____________? 안 돼.
5) 학생1 : 저 쪽에 모자 쓰신 분이 담임선생님이니?
학생2 : 아니. 안경을 끼신 ______________________.

3. 다음 물음에 반말로 대답하십시오.

1) 오늘 아침에 뭘 먹었어?
2) 보통 주말에 뭘 해?
3) 가장 친한 친구는 누구야? 그 친구의 어떤 모습이 좋아?
4) 가고 싶은 여행지는 어디야? 그 곳은 무엇이 좋아?
5) 대학에 들어가면 제일 먼저 뭘 할 거야?
6) 고향에 있을 때 친구들하고 주로 뭘 하고 놀았어?
7) 한국어 공부는 어떻게 해야 해?
8) 요즘 무슨 고민이 있어?

문법(3)

▲ 반말2

1. 다음 문장을 반말로 바꾸십시오.

1) 이 책상을 저쪽으로 옮깁시다. → <u>이 책상을 저쪽으로 옮기자</u>.
2) 영화를 보러 시내에 갑시다. → ______________.
3) 날씨가 추우니까 장갑을 끼세요. → ______________.
4) 한국소설과 신문을 읽으세요. → ______________.
5) 할머니 댁에 가셔서 저녁을 드세요. → ______________.
6) 밖의 날씨가 추울까요? → ______________?
7) 그 사람이 외국인일까요? → ______________?
8) 우리 이 의자에 앉을까요? → ______________?
9) 이번 주말에 부산에 갈래요? → ______________?

2. 다음 글을 읽고 반말로 바꾸십시오.

주연 : 여보세요?
현주 : 1) <u>주연 씨, 안녕하세요?</u>
주연 : 2) <u>현주 씨도 잘 지냈어요?</u>
현주 : 이번 주 토요일에 놀이공원에 가려고 하는데 3) <u>같이 갈 수 있어요?</u>
주연 : 4) <u>네, 좋아요. 어디로 갈 거예요?</u>
현주 : 수안보에 있는 5) <u>'사조리조트' 가 어때요?</u>
주연 : 좋아요. 멀지도 않고요. 6) <u>무엇을 준비할까요?</u>
현주 : 거기서 음식을 팔기는 하지만 비싸니까 도시락을 준비해 오면 좋겠어요.
아참, 7) <u>사진기 좀 가지고 오세요. 제 것은 고장이 나서요</u>.
주연 : 네. 가지고 갈게요. 어디에서 만날까요?
현주 : 그럼 충북대학교 정문에서 8) <u>아침 여덟시에 만나요</u>.
주연 : 그래요. 그때 봐요.

1) 주연아, 안녕?

2) ______________________________?

3) ______________________________?

4) ______________________________?

5) ______________________________?

6) ______________________________?

7) ______________________________.

8) ______________________________.

3. 다음 밑줄 친 부분을 반말로 고치십시오.

반장 : 1) 민수 씨, 내일 우리 반 대청소를 할 거예요.
2) 모두 같이 할 거니까 다른 약속을 하지 마세요. 알았지요?
민수 : 3) 저는 내일 수업이 끝나고 친구와 영화를 보러 가기로 했는데요.
다음 주에 대청소를 하면 안 될까요?
반장 : 안 돼요. 4) 영화는 일요일에 보세요. 5) 다음 주에 우리 학교에서 한국어 능력시험을 보기로 했어요. 그래서 모든 교실을 깨끗이 청소해야 해요. 소냐 씨도 같이 도와야 해요.
소냐 : 내일은 저도 안 되는데요. 6) 러시아에서 부모님이 오세요.
모레는 괜찮은데 그때 하는 게 어때요?
반장 : 그래요? 그럼 할 수 없지요. 7) 대청소는 모레 하기로 합시다.

1) 민수야, 내일 우리 반 대청소를 할 거야.

2) ______________________________?

3) ______________________________.

4) ______________________________.

5) ______________________________.

6) ______________________________.

7) ______________________________.

어휘

1. 다음에서 알맞은 것을 골라 밑줄 친 곳에 쓰십시오.

물품 보관함	반짝 세일	적립 카드	할인 쿠폰	사은품

1) 친구와 함께 마트에 갔는데 가지고 간 가방이 너무 무거워서 ________________에 넣었다.
2) 쇼핑을 하는데 방송에서 10분 동안 ______________을/를 한다고 해서 고기를 싸게 살 수 있었다.
3) ______________이/가 있어서 다른 물건을 살 때도 가격을 할인 받을 수 있었다.
4) 치약을 5개 샀는데 ______________(으)로 칫솔을 받았다.
5) 물건 값을 계산 할 때 ______________(으)로 적립도 했다.

05 복습

어휘

[1–6] 다음 (　　)에 알맞은 것을 고르십시오.

1. 책상 위에 있는 책들을 (　　　　) 공부하세요.
① 빨고　② 쓸고　③ 환기하고　④ 정리하고

2. 일을 많이 했으면 (　　　　) 월급도 많이 받아야 해요.
① 약간　② 주로　③ 당연히　④ 조용히

3. 비에 젖은 옷을 난로 옆에 널어 (　　　　).
① 개세요　② 돌리세요　③ 말리세요　④ 헹구세요

4. 음식을 할 때는 (　　　　) 재료로 요리하는 것이 중요해요.
① 이상한　② 더러운　③ 시원한　④ 신선한

5. 시간이 없어서 일주일 동안 못한 빨래를 주말에 (　　　　) 했어요.
① 조금　② 아주　③ 보통　④ 한꺼번에

6. 열심히 노력을 했으니까 좋은 (　　　　)이/가 있을 거예요.
① 결과　② 원인　③ 성공　④ 처리

[7–8] 다음을 읽고 밑줄 친 부분과 의미가 비슷한 것을 고르십시오.

7. 복사를 하려고 했는데 종이가 <u>떨어져서</u> 못했어요.
① 남아서　② 없어서　③ 충분해서　④ 가져가서

8. 만날 때마다 <u>매번</u> 늦게 와서 화가 나요.
① 항상　② 가끔　③ 아까　④ 거의

[9–10] 다음 밑줄 친 의미가 **반대인 것**을 고르십시오.

9. 최근 한국으로 유학을 오는 외국 학생들이 <u>늘어나고</u> 있어요.
① 많아지고　② 줄어들고　③ 내려가고　④ 올라가고

10. 쓰레기를 버릴 때는 재활용할 쓰레기를 <u>분리해서</u> 넣으세요.
① 합쳐서　② 담아서　③ 쓸어서　④ 나누어서

문법

[1–2] 다음 밑줄 친 부분과 바꾸어 쓸 수 있는 것을 고르십시오.

1. 가 : 이번 주에 콘서트가 있는데 같이 갈래요?
   나 : 그래요. 같이 <u>가요</u>.
   ① 갑시다 ② 갔어요 ③ 가는군요 ④ 가네요

2. 가 : 대청소를 할 건데 지안 씨는 무엇을 <u>할래요</u>?
   나 : 저는 커튼을 빨래요.
   ① 해 왔어요 ② 하게 돼요 ③ 할 거니까요 ④ 할 거예요

[3] 다음 밑줄 친 곳에 알맞은 것을 고르십시오.

3. 가 : 왜 청소를 안 했어요?
   나 : 하려고 했는데 못 했어요. ____________.
   ① 아프지요 ② 아플 텐데요
   ③ 아파서요 ④ 아픈 편이에요

[4–5] 다음 밑줄 친 곳에 **알맞지 않은 것**을 고르십시오.

4. 가 : 그 옷이 예쁜데 왜 안 사요?
   나 : 어울리기는 하지만 ________________.
   ① 비싸요 ② 비싸서요 ③ 비싸니까요 ④ 비싸면 좋아요

5. 가 : 색종이를 왜 그렇게 많이 사요?
   나 : 우리 반 학생들과 종이접기를 ______________.
   ① 하려고요 ② 할 줄 알아요
   ③ 하기로 했어요 ④ 할 생각이에요

[6–11] 다음 문장을 반말로 고치십시오.

진호 : 6.아노트 씨, 무엇을 하고 있어요?
아노트 : 방학에 제주도에 가려고 숙박시설을 7.인터넷으로 찾고 있어요.
진호 : 8.그래요? 방학이 언제부터 언제까지예요?
아노트 : 9.다음 주부터 한 달 동안이에요.
진호 : 10.방학이 길군요.
아노트 : 11.네. 그래서 방학 동안 일본어를 배울까 해요.
12.진호 씨도 같이 배워요.
진호 : 13.글쎄요. 요즘 회사 일이 많아서 시간이 있을지 모르겠어요.
아노트 : 14.같이 배우면 좋을 텐데 생각해 보세요.

6. ____?

7. ____.

8. ____?

9. ____.

10. ____.

11. ____.

12. ____.

13. ____.

14. ____.

쓰기

[1-3] 다음 밑줄에 알맞은 것을 고르십시오.

1. 가 : 김 선생님 계세요?
   나 : 방금 가셨어요. ________________________.

   ① 조금 일찍 오려고요
   ② 김 선생님을 만나기가 쉬워요
   ③ 조금 일찍 오셨으면 만났을 텐데
   ④ 김 선생님이 집에 가신 줄 알았어요

2. 가 : 왜 숙제를 못 했어요?
   나 : ________________________.

   ① 친구가 숙제를 대신 했어요
   ② 친구는 숙제를 하려고 했어요
   ③ 숙제를 하고 나서 잠을 잤어요
   ④ 숙제를 하는데 친구가 놀러 왔어요

3. 가 : 철수 씨는 한국 노래를 많이 아는 것 같아요.
   나 : 맞아요. 아는 노래가 ________________________.

   ① 100곡이나 돼요
   ② 100곡밖에 없어요
   ③ 100곡을 만들려고요
   ④ 100곡을 만들었으니까요

[4] 다음 밑줄 친 부분과 바꾸어 쓸 수 있는 것을 고르십시오.

4. 가 : 어제 모임에 사람들이 많이 왔어요?
   나 : 아니요. <u>5명밖에 안 왔어요</u>.

   ① 5명만 왔어요
   ② 5명이나 왔어요
   ③ 5명이 안 왔어요
   ④ 5명이 더 왔어요

[5–6] 다음 글을 읽고 (   )에 알맞은 말을 쓰십시오.

5.

직장인 여성은 집에 돌아오면 쌓여 있는 집안일로 스트레스를 받는다. 남편이 집안일을 많이 한다면 스트레스를 덜 받을 수 있지만 그렇지 않은 경우에는 남편과 문제가 생길 수도 있다. 또 자녀를 돌보기도 쉽지 않아 자녀에게 좋지 않은 영향을 줄 수 있다. 이럴 때 가사 도우미의 도움을 받아 집안일을 줄인다면 스트레스를 덜 받고 집안일과 직장 일을 할 수 있다. 가사 도우미란 (   ) 사람으로 직업소개소에 연락하여 구할 수 있다.

① 회사 일에 도움을 주는
② 회사 일을 잘 하는
③ 집안일을 도와주는
④ 남편과의 문제를 풀어주는

6.

요즘은 환경보호에 대한 관심이 많아지면서 쓰레기 줄이기와 재활용에 대한 관심이 점점 많아지고 있다. 그래서 많은 나라들이 (   ). 예를 들어 독일에서는 슈퍼나 마트처럼 가까운 곳에 빈 병이나 캔을 돈으로 바꾸는 기계가 있어서 누구나 어렵지 않게 재활용에 참여할 수 있다. 그리고 한국에서는 물건을 버릴 때 재활용 할 수 있는 것과 할 수 없는 것을 반드시 분리해서 버리고 가전제품이나 가구를 버릴 때는 신고를 해야 한다. 또 일본에서는 재활용품을 이용해서 로봇을 만들기도 한다.

① 재활용품을 돈으로 바꾸려고 한다
② 재활용에 적극적으로 참여하고 있다
③ 가전제품과 가구는 재활용을 하지 않는다
④ 병이나 캔은 재활용하기 어렵다고 생각한다

7. 다음 (   )에 알맞은 말을 쓰십시오.

사람들은 집안일 중 이불 빨래를 힘든 일이라고 생각한다. 얇은 여름 이불은 세탁기로 쉽게 빨 수 있지만 (   ). 그러나 겨울 이불을 온 가족이 함께 노는 것 같이 재미있게 빨 수 있다. 따뜻한 날에 먼저 큰 통에 세제와 이불을 넣는다. 몇 시간 후 이불을 바닥에다 꺼내어 아이와 남편과 함께 발로 밟는다. 물이 다 빠지면 물을 뿌리고 또 밟는다. 이렇게 비눗물이 나오지 않을 때까지 반복을 하면 겨울 이불도 쉽게 빨 수 있다.

____

[8–10] 다음을 순서대로 연결하여 쓰십시오.

8.

배가 고프다 / 밥을 5그릇 / 먹다

____

9.

한국 영화를 보다 / 어렵다 / 이해가 안 되다

____

10.

날씨가 춥다 / 두꺼운 옷을 입다 / 나가다

____

듣기

[1~2] 다음을 듣고 물음에 답하십시오.

1. 제시카 씨가 마트에 가자고 한 이유가 **아닌 것**을 고르십시오.
① 돈을 절약하려고
② 할인쿠폰이 있어서
③ 화장품 세일을 해서
④ 백화점이 마트보다 비싸서

2. 다음 중 들은 내용과 같은 것을 고르십시오.
① 남자는 약속에 늦었다.
② 남자가 할인쿠폰을 가지고 있다.
③ 여자는 어머니에게 선물을 할 것이다.
④ 여자는 한국에 와서 절약하는 습관이 생겼다.

읽기

[1~2]다음 글을 읽고 물음에 답하십시오.

> 요즘은 한 집에 아이가 하나나 둘밖에 없어서 부모가 아이들을 지나치게 보호하며 집안일을 잘 시키지 않는다. 하지만 집안일을 돕는 것도 (　　㉠　　). 집안일이 부모에게는 일이지만 아이에게는 새로운 놀이, 새로운 경험이 되기 때문이다. 아이들은 집안일을 하면서 바른 생활 습관을 가질 수 있다.
>
> 만 3~5세의 아이들에게는 그릇 갖다 놓기 같은 간단한 심부름을 시킬 수 있다. 만 6~7세의 아이들은 식탁 차리기, 쓰레기 줍기, 빨래 걷기 등 좀 더 다양한 일을 할 수 있다. 초등학생이 되면 조금 복잡한 일도 충분히 할 수 있다. 청소와 빨래 간단한 요리 등을 같이 하거나 바깥심부름을 시키는 것도 좋다.
>
> 아이들은 제 나이에 맞는 일을 스스로 하면서 행복감을 느낀다고 한다. 어른들에게는 매일 하는 집안일이 아이들에게는 생활 속에서 배우고 실천하는 교육이 되는 것이다.

1. 이 글의 내용과 같은 것을 고르십시오.
   ① 아이들에게 일을 시키면 아이들이 싫어한다
   ② 아이들의 나이에 맞게 집안일을 시키는 것이 좋다
   ③ 아이들을 교육할 때 집 안에서만 하는 것이 좋다
   ④ 아이들에게 집안일을 시켜서 나쁜 습관을 고칠 수 있다

2. ㉠에 알맞은 것을 고르십시오.
   ① 아이들이 혼자일 때 해야 하는 일이다
   ② 아이가 혼자서 놀 때 좋은 놀이다
   ③ 아이가 초등학생이 되면 할 일이다
   ④ 아이에게 좋은 교육이 될 수 있다

| 쉽게 말하는 한국어 3 활용 |

3과 대학생활

01. 심리학 개론을 신청한다고 하더니 생각이 바뀌었네.

02. 저는 사물놀이 동아리에 가입할까 해요.

03. 행사 내용도 작년에 비해서 다양해졌어요.

04. 내일까지 내야 하거든요.

05. 복습

01 심리학개론을 신청한다고 하더니 생각이 바뀌었네.

문법(1)

▲ ~더니

1. 두 문장을 '~더니' 를 사용하여 한 문장으로 만드십시오.

1) 작년 여름에는 무척 더웠어요. 올해는 별로 덥지 않아요.
→ 작년 여름에는 무척 덥더니 올해는 별로 덥지 않아요.

2) 아까는 밖이 시끄러웠어요. 지금은 조용해요.
→ ______________________________.

3) 제인 씨가 한국에 처음 왔을 때는 김치를 못 먹었어요. 지금은 김치를 좋아하네요.
→ ______________________________.

4) 아내가 예전에는 요리를 잘 못했어요. 이제는 요리사처럼 잘 해요.
→ ______________________________.

5) 작년에는 미니스커트가 유행이었어요. 올해는 바지가 유행이에요.
→ ______________________________.

6) 준수 씨가 몇 년 전에는 학생이었어요. 지금은 회사원이 되었네요.
→ ______________________________.

2. 다음 표를 보고 문장을 만드십시오.

		원인	결과
1	수지 씨	노래를 잘하다.	가수가 되다.
2	동생	텔레비전을 많이 보다.	눈이 나빠지다.
3	아버지	술과 담배를 끊다.	건강해지시다.
4	아노트 씨	돈을 열심히 모으다.	
5	수지 씨와 성민 씨	5년 동안 사귀다.	
6	밍밍 씨		배탈이 나다.
7	즈엔 씨		듣기 실력이 좋아지다.

1) 수지 씨는 노래를 잘하더니 가수가 되었어요.
2) ______________________________.
3) ______________________________.
4) ______________________________.
5) ______________________________.
6) ______________________________.
7) ______________________________.

문법(2)

▲ ~에 관해서

1. 다음 보기에서 하나를 골라 '~에 관해서' 를 사용해서 질문에 대답하십시오.

1)

한국 드라마	한국 영화	한국 가수

가 : 친구들과 무슨 이야기를 했어요?
나 : 친구들과 한국 드라마에 관해서 이야기를 했어요.

2)

한국 종교	한국 요리	한국 전통 놀이

가 : '한국 문화' 수업 시간에 무엇을 배웠어요?
나 : ______________________________.

3)

컴퓨터	한국어	전공

가 : 이번 방학에는 무엇을 공부하고 싶어요?
나 : ______________________________.

4)

대학 입학	전공	취업

가 : 선생님과 무엇을 상담하고 싶어요?
나 : ______________________________.

5)

경제	환경오염	결혼

가 : 이번 시간에는 무엇에 관해서 토론을 할 거예요?
나 : ______________________________.

6)

다이어트		

가 : 수지 씨는 요즘 무엇에 관심이 많아요?
나 : ______________________________.

2. 다음 대화를 완성하십시오.

1) 가 : 무슨 영화를 봤어요?
나 : 남자 친구와 함께 사랑에 관한 영화를 봤어요.

2) 가 : 지금 읽고 있는 책은 무슨 책이에요?
나 : 저는 ____________________ 책을 읽고 있어요.

3) 가 : 수업 시간에 선생님께 한 질문이 뭐예요?
나 : 제가 선생님께 한 질문은 ____________________ 질문이에요.

4) 가 : 지금 연구하고 있는 것이 무엇이에요?
나 : 저는 지금 ____________________ 연구를 하고 있어요.

5) 가 : 담임선생님과 무엇을 상담했어요?
나 : 담임선생님과 ____________________ 상담을 했어요.

문법(3)

▲ -(으)ㄹ지 -(으)ㄹ지

1. 다음 대화를 완성하십시오.

1) 가 : 오늘 어떤 영화를 볼 거예요?
   나 : 오늘 코미디 영화를 볼지 액션 영화를 볼지 생각하고 있어요.

2) 가 : 방학 때 어디로 여행을 갈 거예요?
   나 : ______________________________ 아직 모르겠어요.

3) 가 : 여자 친구 생일 선물을 샀어요?
   나 : 아니요. ______________________________ 고민이에요.

4) 가 : 오늘 점심에는 무엇을 먹으려고 해요?
   나 : ______________________________ 생각하고 있어요.

5) 가 : 이번 방학 때 무엇을 배울 계획이에요?
   나 : ______________________________ 아직 결정 하지 못했어요.

2. 다음 표를 보고 대화를 완성하십시오.

		선택		
1	진로	대학원에 입학하다.	/	취직을 하다.
2	방학 계획	고향에 가다.	/	한국에 있다.
3	살 곳	기숙사에서 살다.	/	자취를 하다.
4	생일 파티 음식	집에서 만들다.	/	주문을 하다.
5	데이트 계획	영화를 보다.	/	

1) 가 : 졸업을 하고 무엇을 할 계획이에요?
   나 : 졸업을 하고 대학원에 입학할지 취직을 할지 고민이에요.

2) 가 : 방학에 고향에 갈 거예요?
   나 : 방학에 ______________________________ 잘 모르겠어요.

3) 가 : 어디에서 살지 결정했어요?
   나 : 아니요. ______________________________ 결정하지 못했어요.

4) 가 : 생일 파티를 할 때 음식은 어떻게 할 거예요?
   나 : 파티 음식을 ______________________________ 생각하고 있어요.

5) 가 : 오늘 남자 친구를 만나서 무엇을 할지 생각했어요?
   나 : 아니요. 아직 생각하지 못했어요. ______________________________ 생각하고 있어요.

3. 다음 대화를 완성하십시오.

1) 가 : 중간시험은 어려웠는데 이번 시험은 어떨까요?
   나 : 글쎄요. 이번 시험이 어려울지 쉬울지 잘 모르겠어요.

2) 가 : 소개해 주고 싶은 사람이 있는데 이번 주말에 시간이 있어요?
   나 : 글쎄요. 이번 주말에 ______________________________.

3) 가 : 즈엔 씨, 많이 아파요? 금요일에 야유회를 가려면 빨리 나아야 할 텐데요.
   나 : 금요일까지 감기가 ______________________________.

4) 가 : 내일 체육대회가 있는데 비가 올까요?
   나 : 글쎄요. 내일 ______________________________.

5) 가 : 일요일인데 오늘도 도서관에 갈 거예요?
   나 : 시험기간이라서 도서관에 자리가 ______________________________.

6) 가 : 이번 주말에 동창회가 있어요. 밍밍 씨도 갈 거예요?
   나 : 요즘 너무 바빠서 ______________________________.

7) 가 : 성민 씨, 밍밍 씨에게 고백을 했어요?
   나 : 아니요. 아직 안 했어요. 밍밍 씨에게 고백을 ______________________________.

어휘

1. 다음에서 알맞은 말을 골라 문장을 완성하십시오.

수강 신청	학점	선택	전공	교양

1) 졸업을 한 후 직업 ____________은/는 신중하게 해야 해요.

2) 이번 학기는 지난 학기보다 ____________이/가 훨씬 좋아요.

3) 저는 경영학에서 경제학으로 ____________을/를 바꾸고 싶어요.

4) 대학교에서는 수업을 들으려면 먼저 ____________을/를 해야 돼요.

5) ____________ 과목은 대학에서 전공을 공부하는데 필요한 기초가 되는 과목입니다.

2. 다음을 읽고 (   )에 알맞은 말을 고르십시오.

1) 대학에 먼저 들어온 (후배, 선배)들에게 많은 도움을 받았어요.
2) 심리학 개론은 한 달에 두 번 (매주, 격주)로 쪽지 시험을 봅니다.
3) 미술 시간에는 작품을 직접 만들거나 그리는 (이론, 실기) 수업이 많습니다.
4) 신입생 여러분! 충북대학교에 들어오신 것을 (참석합니다, 환영합니다).
5) 이 모임은 올해 새로 입학한 (신입생, 재학생)을 위한 오리엔테이션입니다.

02 저는 사물놀이 동아리에 가입할까 해요.

문법(1)

▲ -(으)ㄹ까 하다.

1. 다음 그림을 보고 문장을 만드십시오.

1) 

가 : 생일파티에 누구를 초대하려고 해요?
나 : <u>우리 반 친구들을 초대할까 해요</u>.

2) 

가 : 이번 설날에 무엇을 입을 거예요?
나 : 설날이니까 ______________________________.

3) 

가 : 저는 방학 때 수영을 배울 계획인데 즈엔 씨는요?
나 : 저는 ______________________________.

4) 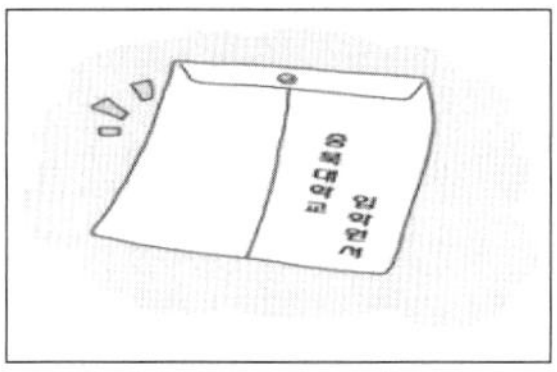

가 : 어느 대학교에 입학 원서를 내려고 해요?
나 : 저는 ______________________________.

5) 

가 : 장학금을 받으면 무엇을 할 거예요?
나 : ______________________________.

6) 

가 : 저는 이번 주말에 ______________________________.
나 : 같이 가요. 저도 파마를 해야 하니까요.

2. 다음 표를 채우고 문장을 완성하십시오.

	시간	이유	계획
1)	이번 방학	학비를 벌어야 하다.	아르바이트를 하다.
2)	이번 주 토요일	특별한 일이 없다.	집에서 쉬다.
3)	이번 주 일요일	집들이가 있다.	어머니를 돕다.
4)	다음 주 금요일	친구의 생일이다.	
5)	다음 달	한국어능력시험이 있다.	

1) 이번 방학에는 학비를 벌어야 해서 아르바이트를 할까 해요.

2) ______________________________.

3) ______________________________.

4) ______________________________.

5) ______________________________.

3. 다음 글을 완성하십시오.

저는 이번 가을에 결혼을 해요. 그래서 준비할 것이 많아요. 이번 주말에는 충북백화점에서 세일을 해서 가구를 1) 살까 해요. 다음 주말에는 친한 친구들을 만나서 친구들에게 청첩장을 2) ______________. 그리고 결혼식은 호텔에서 3) ______________. 신혼여행은 제주도로 4) ______________. 또 잠은 할인 쿠폰이 있어서 제주호텔에서 5) ______________. 결혼식을 빨리 했으면 좋겠어요.

문법(2)

▲ -(으)ㄹ 뿐만 아니라

1. 다음 문장을 완성하십시오.

1)

여자 친구	예쁘다. / 성격이 좋다.

→ 여자 친구는 예쁠 뿐만 아니라 성격도 좋아요.

2)

제주도	먹을거리가 많다. / 볼거리가 많다.

→ ______________________________.

3)

과일	몸에 좋다. /

→ ______________________________.

4)

하숙집 아주머니	음식을 잘 하다. /

→ ______________________________.

5)

내 동생	피아노를 잘 치다. /

→ ______________________________.

6)

마이클 씨	농구 /

→ ______________________________.

7)

준수 씨	중국어 /

→ ______________________________.

2. 다음 대화를 완성하십시오.

1) 가 : 점심에 피자를 먹었어요?
나 : 점심에 피자뿐만 아니라 치킨도 먹었어요.

2) 가 : 저 가수는 한국에서 유명해요?
나 : ______________________________.

3) 가 : 휴대 전화로 음악을 들을 수 있지요?
나 : ______________________________.

4) 가 : 지난 겨울은 추웠어요?
나 : ______________________________.

5) 가 : 담임선생님은 어때요?
나 : ______________________________.

6) 가 : 새로 이사 간 아파트는 어때요?
나 : ______________________________.

3. 다음을 읽고 '-을 뿐만 아니라'를 사용하여 문장을 쓰십시오.

1)

▶ 충북 호텔에서 편안하게 주무세요.

저희 충북 호텔은 ① 객실이 넓고 깨끗해서 편안하게 쉴 수 있습니다. 특히 ② 무심천의 아름다운 경치와 청주 시내의 야경을 볼 수 있어서 인기가 많습니다. 호텔 안에는 ③ 아이들이 좋아하는 놀이 시설과 수영장이 있어서 가족이 함께 즐길 수 있습니다.

① 객실이 넓을 뿐만 아니라 깨끗해요.

② ______________________________.

③ ______________________________.

2)

▶ 신화 텔레비전을 구입해 보세요.

이 텔레비전은 ① 화질이 좋으면서 화면이 커서 집에서 영화를 봐도 영화관에서 보는 것 같습니다. 또 ② 이전 제품보다 가볍고 얇아서 벽에 걸 수 있습니다. 지금은 ③ 세일 기간이어서 싸게 구입할 수 있습니다. 사은품으로 스피커도 받으실 수 있습니다. 이 기회를 놓치지 마세요.

① ______________________________.

② ______________________________.

③ ______________________________.

문법(3)

▲ ~을/를 통해(서)

1. 다음에서 알맞은 것을 골라 대화를 완성하십시오.

동아리 활동	신문	홈쇼핑	인터넷	편지	일기예보

1) 가 : 저는 한국에 대해서 더 많이 알고 싶어요. 어떻게 하면 좋을까요?
   나 : 한국 신문을 읽어 보세요. 신문을 통해서 많은 정보를 얻을 수 있을 거예요.

2) 가 : 오늘은 우산을 가지고 가세요. 오후에 비가 많이 온다고 해요.
   나 : 그래요? 어떻게 알았어요?
   가 : ____________________ 오늘의 날씨를 알게 되었어요.

3) 가 : 노트북을 싸게 잘 샀네요. 어디에서 샀어요?
   나 : 이 노트북은 ____________________ 샀어요.

4) 가 : 어제는 부모님의 편지를 받고 울었어요.
   나 : 왜 울었어요?
   가 : ____________________ 부모님의 사랑을 느꼈어요.

5) 가 : 즈엔 씨는 한국 친구가 많은 것 같아요. 한국 친구들을 어떻게 사귀었어요?
   나 : ____________________ 한국 친구들을 많이 사귀게 되었어요.

6) 가 : 영화표를 예매하려고 하는데 극장에 갈 시간이 없네요.
   나 : 극장에 가지 않아도 돼요. 영화표는 ____________________ 예매할 수 있어요.

2. 다음을 연결해서 대화를 완성하십시오.

1)	책	•	• 다이어트에 성공했어요.
2)	운동	•	• 한국 문화를 알게 되었어요.
3)	세계여행	•	• 많은 지식을 얻게 되었어요.
4)	아르바이트	•	• 사회생활을 경험하게 되었어요.
5)	경주 문화 체험	•	• 많은 외국 친구를 사귀게 되었어요.

1) 책을 통해서 많은 지식을 얻게 되었어요.

2) ______________________________.

3) ______________________________.

4) ______________________________.

5) ______________________________.

어휘

1. 다음은 우리대학교 동아리의 종류입니다. 글을 읽고 어느 동아리인지 쓰십시오.

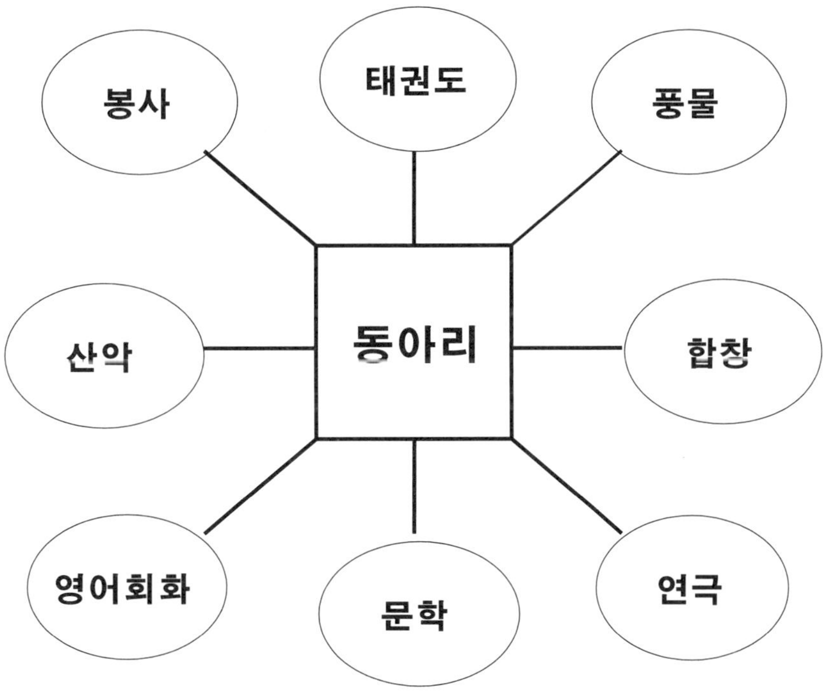

1)	한국의 전통과 문화를 느낄 수 있는 모임이에요. 풍물에 대해서 배우고 악기를 연주하는 법도 배울 수 있어요.	________ 동아리
2)	소설, 시 등을 읽고 서로 이야기를 하는 모임이에요. 소설이나 시를 써 보는 경험도 할 수 있어요.	________ 동아리
3)	어려운 이웃에게 도움을 주는 모임이에요. 함께 나누는 삶을 배울 수 있어요.	________ 동아리
4)	산을 좋아하는 사람들의 모임이에요. 산을 통해서 봄, 여름, 가을, 겨울의 아름다움을 느낄 수 있어요.	________ 동아리
5)	여러 사람들이 모여 함께 노래를 부르는 모임이에요. 노래를 통해 사랑과 행복을 느낄 수 있어요.	________ 동아리

2. 다음에서 알맞은 말을 골라 문장을 완성하십시오.

동아리 방	신입회원	모집하다	탈퇴하다	홍보하다

1) 야구부에서는 신입회원을 얼마나 ____________________?
2) 노래 ________________에서는 언제나 즐거운 노랫소리가 들립니다.
3) 올해에는 운동 동아리에 ________________이/가 많이 가입한 것 같아요.
4) 태권도 동아리를 학생들에게 어떻게 __________________ 좋을까요? 방법 좀 알려주세요.
5) 문학 동아리에 가입하고 나서 ___________________ 후에 다시 풍물 동아리에 가입했어요.

03 행사 내용도 작년에 비해서 다양해졌어요.

문법(1)

▲ -(으)려면

1. 다음에서 알맞은 것을 골라 문장을 완성하십시오.

낫다	가다	보내다	만들다	가입하다	합격하다

1) 해외여행을 가려면 여권이 필요해요.

2) 소포를 ______________ 우체국에 가야 해요.

3) 감기가 빨리 ______________ 푹 쉬어야 해요.

4) 통장을 ______________ 도장과 신분증이 필요해요.

5) 동아리에 ______________ 신청서를 작성해야 돼요.

6) 한국어능력시험에 ______________ 열심히 공부해야 해요.

2. 다음 대화를 완성하십시오.

1) 가 : 옷을 싸게 사려면 어디로 가는 게 좋아요?
   나 : 동대문 시장에 가 보세요. 동대문 시장에는 싸고 좋은 옷이 많아요.
2) 가 : 저는 한국 요리를 배웠으면 좋겠어요.
   나 : 한국 요리를 ______________ 요리학원에 등록하세요.
3) 가 : 어제 치마를 샀는데 너무 짧은 것 같아요. 다른 옷으로 바꿀 수 있을까요?
   나 : 다른 옷으로 ______________ 영수증이 필요해요. 영수증을 가지고 오세요.
4) 가 : 한국 친구를 ______________ 어떻게 하면 좋을까요?
   나 : 태권도 동아리에 가입해 보세요. 그러면 한국 친구를 많이 사귈 수 있을 거예요.
5) 가 : 바이멍 씨, 전자사전을 새로 샀어요?
   나 : 네. 요즘 신문을 읽는데 단어가 너무 어렵네요. 신문을 ________ 전자사전이 필요해서 샀어요.

3. 다음 대화를 완성하십시오.

1) 가 : 환전을 하려고 하는데 어디에 가야 돼요?
나 : 환전을 하려면 은행에 가면 돼요.

2) 가 : 충북대학교에 입학하고 싶은데 어떻게 해야 돼요?
나 : ____________________.

3) 가 : 공항에 가야 하는데 어떻게 가는지 잘 몰라요.
나 : ____________________.

4) 가 : 비자를 연장하려고 하는데 어디에 가야 돼요?
나 : ____________________.

5) 가 : 도서관에서 책을 빌리려고 하는데 무엇이 필요해요?
나 : ____________________.

6) 가 : 옷에 김치 얼룩이 묻었어요. 김치 얼룩을 어떻게 지워야 돼요?
나 : ____________________.

4. 다음을 연결하고 문장을 완성하십시오.

1) 대학교에 가려면 • • 먼저 입학 신청을 해야 해요.
대학교에 가면 • • 하고 싶은 공부를 할 수 있어요.

2) 음식이 맛있으려면 • • 많이 드세요.
음식이 맛있으면 • • 식재료가 좋아야 해요.

3) 한국 친구를 사귀려면 ____________________.
한국 친구를 사귀면 ____________________.

4) 키가 크려면 ____________________.
키가 크면 ____________________.

문법(2)

▲ 중이다

1. 다음 그림을 보고 문장을 만드십시오.

1) 

가 : 여보세요? 제민 씨 좀 바꿔 주시겠어요?
나 : 제민 씨는 지금 통화 중이에요.

2) 

가 : 실례지만 지금 박 선생님을 만날 수 있어요?
나 : 나중에 오세요. 박 선생님은 ____________.

3) 

가 : 오늘 왜 이렇게 길이 막히지요?
나 : __________. 그래서 길이 막히는 것 같아요.

4) 

가 : 성민 씨, 철수 씨가 방에 없네요. 어디 갔어요?
나 : 철수 씨는 운동을 하고 나서 지금 ________.

5) 

가 : 오늘은 왜 자동차를 가지고 오지 않았어요?
나 : 자동차가 고장이 나서 __________________.

6) 

가 : 즈엔 씨, 콜린 씨 어디에 갔어요? 전화를 안 받네요?
나 : 콜린 씨는 지금 유럽 __________________.

2. 다음에서 알맞은 것을 골라 문장을 완성하십시오.

외출	금연	생각	회의	상담	수리	다이어트

1) 가 : 주연 씨, 왜 밥을 조금밖에 안 먹어요?
   나 : 요즘 너무 살이 쪄서 다이어트 중이에요.

2) 가 : 여보세요? 거기 충북무역이지요? 김철수 씨 좀 바꿔 주세요.
   나 : 지금 김철수 씨는 ______________. 3시간 후에 들어오실 거예요.

3) 가 : 지금 사장님을 만날 수 있을까요?
   나 : 죄송해요. 사장님이 지금 직원들과 ______________ 이따가 오세요.

4) 가 : 밍밍 씨를 만나려고 조금 전에 기숙사에 갔는데 없네요.
   나 : 밍밍 씨는 지금 담임선생님과 대학 입학에 관해서 ______________.

5) 가 : 아노트 씨, 요즘 담배를 안 피우는 것 같아요.
   나 : 네. 건강이 좋지 않아서 ______________. 그리고 술도 끊었어요.

6) 가 : 즈엔 씨, 감기는 다 나았어요? 어제 걱정이 돼서 전화를 했었는데 안 받더군요.
   나 : 그래요? 전화기가 고장이 나서 ______________. 그래서 전화를 못 받았어요.

7) 가 : 바이멍 씨, 이번 방학에 고향에 갈 거예요?
   나 : 글쎄요. 한국어능력시험이 있어서 고향에 가야 할지 말아야 할지 ______.

문법(3)

▲ ~에 비해(서)

1. 다음 그림을 보고 대화를 완성하십시오.

1) 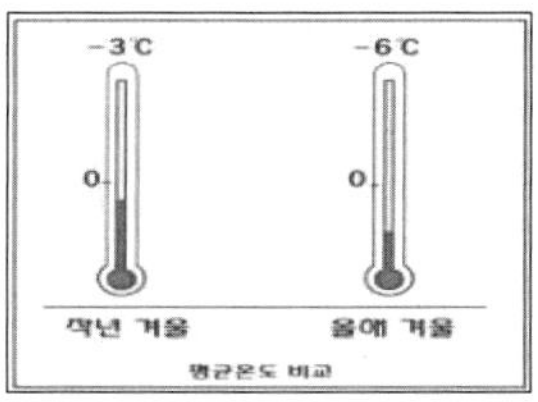

가 : 올해 겨울은 너무 추운 것 같아요.
나 : 네. 올해 겨울이 <u>작년 겨울에 비해서 더 추워요</u>.

2) 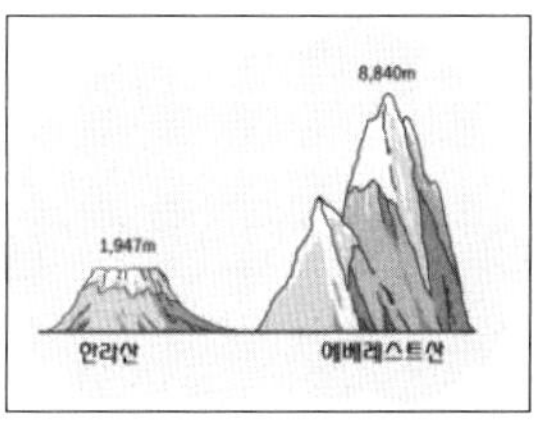

가 : 한라산에 갔었어요. 너무 높아서 등산할 때 힘들었어요.
나 : 한라산도 높지만 에베레스트 산이 ________ ________________________.

3) 

가 : 밍밍 씨, 기말시험 성적이 어때요?
나 : 기말시험 성적이 ________________________.

4) 

가 : 철수는 키가 참 크네요?
나 : 네. 철수는 ________________________.

5) 

가 : 청주 식당은 값이 싸네요. 음식도 맛있고요.
나 : 네. 청주 식당은 ________________________.

2. 다음 문장을 완성하십시오.

1)

충북 무역	개신 무역
▸ 근무시간 : 8시간 ▸ 월급 : 150만 원	▸ 근무시간 : 5시간 ▸ 월급 : 300만 원

① 근무시간 (충북 무역 / 개신 무역)
→ 근무시간은 충북 무역에 비해서 개신무역이 더 적어요.

② 월급 (충북 무역 / 개신 무역)
→ 월급은 ______________________________.

③ 충북 무역 (근무시간 / 월급)
→ 충북 무역은 근무시간에 비해서 ______________________.

④ 개신 무역 (월급 / 근무시간)
→ 개신 무역은 월급에 비해서 ______________________.

2)

행복 하숙집	사랑 하숙집
▸ 월세 : 30만 원 ▸ 방 크기 : 40㎡ ▸ 거리 : 학교에서 걸어서 5분	▸ 월세 : 40만 원 ▸ 방 크기 : 30㎡ ▸ 거리 : 학교에서 걸어서 15분

① 월세
→ 월세는 ______________________________.

② 방 크기
→ 방은 ______________________________.

③ 거리
→ 학교에서 하숙집까지의 거리는 ______________________.

④ 행복 하숙집
→ 행복 하숙집은 가격에 비해서 ______________________.

어휘

1. 다음에서 알맞은 것을 골라 문장을 완성하십시오.

전시회	가요제	프로그램	초청 공연	일일 주막

즈엔 : 이번 주가 축제 기간이지요?
수지 : 네. 오늘부터 시작이에요.
즈엔 : 어떤 1)__________이/가 있어요?
수지 : 전시회, 가요제, 일일 주막, 초청 공연, 도예 체험 등이 있어요.
즈엔 : 유명한 가수도 와요?
수지 : 그럼요. 오늘 저녁 6시에 인기 가수의 2)__________이/가 있을 거예요. 또 내일은 학생들이 노래를 부르며 자신들의 노래 실력을 자랑하는 3)__________도 할 거예요.
즈엔 : 수지 씨는 오늘 축제에 가 볼 거예요?
수지 : 네. 오늘 오전에는 그림 동아리의 4)__________을/를 보고 저녁에는 초청 공연을 볼 거예요.
즈엔 : 수지 씨. 그럼, 오늘 같이 봐요.
수지 : 좋아요. 초청 공연이 끝나고 나서 술도 한잔 마실까요?
즈엔 : 우리 학과에서 5)__________을/를 하니까 거기로 갑시다.

04 내일까지 내야 하거든요.

문법(1)

▲ -거든요.

1. 다음 그림을 보고 문장을 만드십시오.

1)

지금 은행에 가야 해요. <u>돈이 없어서 돈을 찾아야 하거든요</u>.

2)

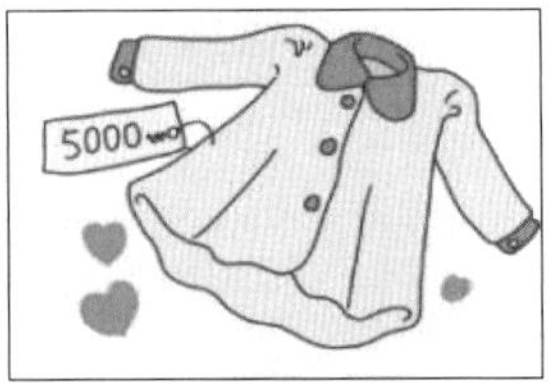

동대문 시장에 갈 거예요. ______________________.

3)

오늘은 기분이 안 좋아요. 여자친구와 __________.

4)

오늘은 친구를 만날 수 없어요. _________________.

5)

열심히 공부해야 해요. ________________________.

6)

오늘 남편에게 꽃다발을 받았어요.
오늘이 ____________________________________.

2. 다음 대화를 완성하십시오.

1) 바이멍 : 오늘 오후에 노래방에 갈래요? 제가 어제 용돈을 받았거든요.

장뢰이 : 오늘 오후요? 어떻게 하지요? 오후에 친구와 약속이 ________.

바이멍 : 그래요? 그럼, 내일은 어때요?

장뢰이 : 좋아요. 그런데 갑자기 노래방은 왜요?

바이멍 : 공부를 열심히 했지만 시험 점수가 ______________.

저는 스트레스를 받았을 때 노래방에 가면 스트레스가 ______.

2) 즈옌 : 이 식당에는 왜 이렇게 사람들이 많아요?

아노트 : 음식이 싸고 ____________. 특히 떡볶이가 맛있는 것 같아요.

즈옌 : 그래요? 저는 떡볶이를 좋아하지 않아요.

아노트 : 왜요?

즈옌 : 저는 매운 음식을 ________________.

아노트 : 그럼, 즈옌 씨는 무엇을 먹을래요?

즈옌 : 저는 김밥을 먹을게요. 김밥을 ______________.

아노트 : 그럼, 떡볶이와 김밥을 먹읍시다. 그리고 오늘은 제가 한턱낼게요.

즈옌 : 아노트 씨 무슨 좋은 일 있어요?

아노트 : 네. 제가 어제 장학금을 ______________.

즈옌 : 그렇군요. 축하해요. 맛있게 먹을게요.

문법(2)

▲ -자마자

1. 다음에서 하나를 골라 문장을 만드십시오.

1) 친구의 전화를 받다.	전화가 끊어지다.
	밖으로 나가다.
2) 전자사전을 사다.	잃어버리다.
	고장이 나다.
3) 대학교를 졸업하다.	취직을 하다.
	대학원에 진학하다.
4) 시험이 끝나다.	영화를 보러 가다.
	집에 가서 잠을 자다.
5) 저 건물을 지나다.	충북 식당이 있다.
	오른쪽으로 돌아가다.

1) 친구의 전화를 받자마자 전화가 끊어졌어요.

2) ______________________________.

3) ______________________________.

4) ______________________________.

5) ______________________________.

2. 다음 대화를 완성하십시오.

1) 가 : 공항에 도착하면 전화해 주세요.
나 : 네. 공항에 도착하자마자 전화할게요.

2) 가 : 어젯밤에 왜 전화를 안 받았어요?
나 : 너무 피곤해서 집에 ______________ 잠을 잤어요.

3) 가 : 밍밍 씨, 남자 친구와 만난 지 5년이나 되었는데 결혼을 언제 할 거예요?
나 : 지금은 학생이니까 대학을 ______________ 결혼을 할까 해요.

4) 가 : 지난달에 빌려간 돈을 언제 줄 거예요?
나 : 미안해요. 이번 달에 용돈을 ______________ 줄게요.

5) 가 : 아이가 왜 그렇게 울어요? 주사를 맞았어요?
나 : 아니요. 주사를 맞지 않았어요. 그런데 아기가 의사를 __________ 우네요.

3. 다음 질문에 대답하십시오.

	질문	대답
1)	집에 가면 먼저 무엇을 해요?	저는 집에 가자마자 손을 씻어요.
2)	아침에 일어나서 제일 먼저 무엇을 해요?	
3)	고향에 가면 먼저 무엇을 할 거에요?	
4)	자동차를 사면 먼저 무엇을 하고 싶어요?	
5)	월급을 받으면 제일 먼저 무엇을 하고 싶어요?	

문법(3)

▲ -아/어/여 가지고

1. 다음 대화를 완성하십시오.

1) 가 : 한국에서는 집들이에 갈 때 무엇을 가지고 가요?
나 : 세제나 비누를 사 가지고 가요.

2) 가 : 자동차가 많이 비쌀 텐데 어떻게 샀어요?
나 : 3년 동안 돈을 ______________________ 샀어요.

3) 가 : 어제 친구와 무슨 음식을 만들어 먹었어요?
나 : 김밥과 불고기를 ______________________ 먹었어요.

4) 가 : 등록금을 냈어요?
나 : 아니요. 아직 안 냈어요.
은행에서 돈을 ______________________ 등록금을 내려고 해요.

5) 가 : 다음 학기 기숙사 신청은 했어요?
나 : 어제 신청서를 ______________________ 행정실에 냈어요.

2. 다음 문장을 완성하십시오.

1) | 백화점에서 세일을 하다. / 옷을 많이 사다. |
|---|

→ 백화점에서 세일을 해 가지고 옷을 많이 샀어요.

2) | 오늘 늦잠을 자다. / 지각을 하다. |
|---|

→ ____.

3) | 영화가 너무 재미있다. / 두 번이나 보다. |
|---|

→ ____.

4) | 날씨가 너무 덥다. / |
|---|

→ ____.

5) | 배가 고프다. / |
|---|

→ ____.

3. 다음에서 알맞은 말을 골라 대화를 완성하십시오.

사다	좋다	바쁘다	부르다	만들다	준비하다

가 : 지난 주말에 뭐 했어?

나 : 날씨가 너무 ______________ 강릉으로 여행을 다녀왔어.

가 : 혼자 다녀왔어?

나 : 혼자 갈까 하다가 수진이를 ______________ 같이 다녀왔어. 그동안 서로 너무 ______________ 못 만났는데 오랜만에 만나서 같이 여행을 하니까 아주 좋았어.

가 : 재미있었어?

나 : 응. 바닷가에서 놀려고 수영복을 ______________ 갔어. 바닷가에서 수영을 하면서 재미있게 놀았어.

가 : 맛있는 음식도 많이 먹었어?

나 : 점심은 집에서 김밥과 샌드위치를 ______________ 갔어. 저녁은 바닷가에서 회를 사 먹었고.

가 : 좋았겠다. 얘기를 들으니까 나도 바닷가에 가고 싶다.

나 : 다음에는 같이 가자. 그리고 내가 너에게 주려고 선물을 __________ 왔어. 이거 받아.

어휘

1. 다음에서 알맞은 것을 골라 문장을 완성하십시오.

기한	결론	재수강	졸업 시험
학사 경고	계절 학기	학위를 받다	

1) 가 : 한국 문화에 관한 리포트를 언제까지 내야 해요?
   나 : 한국 문화에 관한 리포트의 제출 ________은/는 이번 주 금요일까지예요.

2) 가 : 이번 겨울 방학에도 수업을 들을 거예요?
   나 : 네. 빨리 졸업을 하고 싶어서요. 그래서 이번 방학에도 ________ 수업을 들을까 해요.

3) 가 : 이번 주 토요일에 놀이 공원에 같이 갈래요?
   나 : 미안해요. 저는 못 갈 것 같아요. 다음 주에 ________이/가 있거든요.

4) 가 : 지난 학기에 수강한 '한국 역사의 이해' 와 '심리학' 과목을 왜 다시 신청해요?
   나 : 학점이 안 좋아서 ________을/를 받았어요. 그래서 ________을/를 해야 돼요.

5) 가 : 논문은 다 쓰셨어요?
   나 : 아니요. 서론하고 본론은 썼는데 아직 ________은/는 못 썼어요.

6) 가 : 열심히 노력해서 공부하더니 드디어 박사 ________________.
   나 : 네. 너무 기뻐서 눈물이 날 것 같아요.

05 복습

어휘

[1~5] 다음 ( )에 알맞은 것을 고르십시오.

1. '심리학' 과목의 성적이 좋지 않아서 다음 학기에 ( )을/를 해야 한다.
   ① 강의 ② 졸업 ③ 선택 ④ 재수강

2. 이번 방학에 아르바이트를 해서 힘들었지만 아르바이트를 통해서 ( ) 경험을 많이 했다.
   ① 궁금한 ② 다양한 ③ 유명한 ④ 편리한

3. 부모님께서 나에게 유학을 ( ) 자신이 없어서 가지 않았다.
   ① 권하셨지만 ② 신청하셨지만 ③ 홍보하셨지만 ④ 결정하셨지만

4. ( )을/를 보면 다음 학기의 강의 내용을 미리 알 수 있다.
   ① 학사 경고 ② 계절 학기 ③ 학사 일정 ④ 강의 계획서

5. 지금은 너무 바빠서 고향에 갈 수 없지만 설날에는 꼭 갈 ( )이다.
   ① 선택 ② 예약 ③ 예정 ④ 소식

[6~7] 다음 밑줄 친 부분과 의미가 비슷한 것을 고르십시오.

6. 태권도 동아리에서 신입회원을 모집하려고 동아리를 <u>홍보하고</u> 있다.
   ① 찾다 ② 알리다 ③ 탈퇴하다 ④ 가입하다

7. 대학에서 무엇을 전공할까 고민하다가 선생님과 <u>상의했다</u>.
   ① 가입하다 ② 의논하다 ③ 신청하다 ④ 참석하다

[8~9] 다음 밑줄 친 부분과 의미가 **반대인 것**을 고르십시오.

8. 댄스 동아리에 <u>가입하려고</u> 하는데 어떻게 해야 해요?
① 확인하다 ② 참가하다 ③ 상담하다 ④ 탈퇴하다

9. 대학생활에 대해서 궁금한 점이 있으면 <u>선배</u>에게 물어 보세요.
① 동창 ② 후배 ③ 재학생 ④ 신입생

[10~11] 다음 ( )에 공통적으로 들어갈 동사를 고르십시오.

10.

이번 달에는 통화를 너무 많이 해서 휴대폰 요금을 100,000원이나 ( ). 어제는 수지 씨가 점심을 샀으니까 오늘 점심은 제가 ( ). 대학 입학에 필요한 서류는 다음 주까지 ( ) 됩니다.

① 쓰다 ② 내다 ③ 사다 ④ 오다

11.

그는 대학원에 진학해 석사 학위를 ( ). 남자 친구에게서 생일 선물로 반지를 ( ). 감기에 걸려서 진료를 ( ) 병원에 갔습니다.

① 사다 ② 주다 ③ 받다 ④ 하다

문법

[1~5] 다음 (　　　)에 알맞은 것을 고르십시오.

1. (　　　)
가 : 내일 공항에는 뭘 타고 갈 거예요?
나 : 지하철을 타고 갈 거예요. 저희 집에서 지하철역이 (　　　).
① 가까웠어요　　② 가깝거든요
③ 가깝겠네요　　④ 가까워야 해요

2. (　　　)
가 : 한국말을 빨리 (　　　) 어떻게 해야 해요?
나 : 한국 친구를 사귀어 보세요. 그리고 자주 만나서 이야기해 보세요.
① 배우니까　　② 배우려면
③ 배우다가　　④ 배우려고

3. (　　　)
가 : 수지 씨가 요즘 많이 예뻐진 것 같지요?
나 : 네. 수지 씨에게 남자 친구가 (　　　) 더 예뻐졌어요.
① 생기면　　② 생길지
③ 생기더니　　④ 생길 뿐만 아니라

4. (　　　)
가 : 기분이 안 좋아 보여요. 무슨 일이 있어요?
나 : 어제 시계를 (　　　) 잃어버렸어요. 너무 속상하네요.
① 산 지　　② 사면서
③ 사자마자　　④ 사는 동안

5. (　　　)
가 : 이번 주말에 계획이 있어요?
나 : 김밥을 (　　　) 소풍을 갈까 해요.
① 만들면서　　② 만드는 동안
③ 만들기로 해서　　④ 만들어 가지고

[6~8] 다음 밑줄 친 부분과 의미가 비슷한 것을 고르십시오.

6. (　　　)

가 : 전화가 왔어요. 어떻게 하지요?
나 : 이따가 받을게요. 운전을 할 때에는 전화를 받으면 위험하니까요.

① 운전 중에는　② 운전을 할 테니까
③ 운전을 한 후에　④ 운전을 하기 전에

7. (　　　)

가 : 이번 크리스마스에 특별한 계획이 있어요?
나 : 가족들과 함께 집에서 파티를 하려고 해요.

① 할까 해요　② 하도록 해요
③ 하는 편이에요　④ 하는 중이에요

8. (　　　)

가 : 지우 씨는 아침에 왜 그렇게 일찍 일어나세요?
나 : 우리 회사는 다른 회사보다 출근 시간이 빠르기 때문에 일찍 일어나요.

① 회사처럼　② 회사같이
③ 회사마다　④ 회사에 비해서

[9~10] 다음 밑줄 친 부분이 **틀린 것**을 고르십시오.

9. (　　　)

① 수업 중에는 다른 사람과 이야기 하지 마세요.
② 한국말을 잘 하려면 한국회사에 취직할 수 있어요.
③ 웨이 씨의 결혼 소식을 친구를 통해서 알게 되었어요.
④ 그 남자를 계속 만나야 할지 헤어져야 할지 모르겠어요.

10. (　　　)

① 웨이 씨는 배가 고파 가지고 식당에 갑시다.
② 어제 도서관에서 한국 역사에 관한 책을 빌렸어요.
③ 매일 열심히 공부하더니 이번에 장학금을 받았군요.
④ 지하철은 택시에 비해서 빠를 뿐만 아니라 요금도 싸요.

쓰기

[1~3] 빈칸에 가장 알맞은 것을 고르십시오.

1. 가 : 수업이 끝나고 잠깐 시간이 있어요?
   나 : 미안해요. 약속이 있어서 ________________.
   ① 오늘은 만날 수 있어요
   ② 오늘은 시간이 너무 많아요
   ③ 오늘은 시간이 많은 편이에요
   ④ 수업이 끝나자마자 가야 해요

2. 가 : 즈엔 씨가 읽고 있는 책은 어떤 책이에요?
   나 : 저는 요즘 한국 역사에 관심이 많아요. 그래서 ________________.
   ① 한국 역사를 배우고 있어요
   ② 한국 역사를 전공할까 해요
   ③ 한국 역사에 관한 책을 읽고 있어요
   ④ 한국 역사보다 다른 나라 역사가 좋아요

3. 가 : 동아리에 가입하려면 어떻게 해야 해요?
   나 : 글쎄요. 저도 ________________.
   ① 가입하면 좋은 점이 많아요
   ② 신입생이라 잘 모르겠는데요
   ③ 가입하고 싶은데 먼저 하세요
   ④ 신입생처럼 보였으면 좋겠어요

[4~5] 밑줄 친 부분을 같은 의미로 바꾸어 쓴 것을 고르십시오.

4. 가 : 수지 씨, 하숙집은 구했어요?
   나 : 아직 구하지 못했는데 <u>학교 근처에 구할까 해요</u>.
   ① 학교 근처에 구하려고 해요
   ② 학교와 가까운 곳에 구할 수 있어요
   ③ 학교에서 가까운 곳으로 가면 좋아요
   ④ 학교 근처에서는 구하기 어려울 것 같아요

5. 가 : 요즘 청주 시내가 너무 복잡한 것 같아요.
   나 : 서울에 비해서 청주는 복잡하지 않아요.
   ① 청주도 서울도 안 복잡해요
   ② 청주보다 서울이 더 복잡해요
   ③ 서울이 청주보다 복잡하지 않아요
   ④ 서울은 복잡하지 않고 청주는 복잡해요

[6~8] 제시된 표현을 순서대로 모두 사용해 한 문장으로 쓰십시오.

6.

날씨가 너무 덥다 / 집에 가다 / 목욕부터 하다

____

7.

뚱뚱할 때는 바지만 입다 / 살을 빼다 / 짧은 치마만 입다

____

8.

학교 식당은 음식 값이 싸다 / 맛있다 / 학생들에게 인기가 많다

____

9. 다음 안내문의 내용과 **다른 것**을 고르십시오.

학교 도서관 이용 안내

대상 : 충북대학교 학생, 교수, 직원
이용시간 : 아침 6시 ~ 밤 10시 (1층 열람실은 밤 12시까지 가능)
대출기간 : 한 달 (학생증이 필요함)
쉬는 날 : 매월 둘째, 넷째 월요일
주의 사항 : 1. 학생증은 꼭 자신의 학생증을 사용하십시오.
2. 도서관 안에서는 휴대전화의 벨 소리를 진동으로 합시다.
3. 도서관 및 열람실에는 음식과 음료를 가지고 갈 수 없습니다.
4. 도서관 건물 안에서는 금연입니다.
5. 도서관에 있는 PC에서 채팅과 게임을 하시면 안 됩니다.

⬇

수지야, 너도 이번 주에 시험이 있지? 우리 같이 학교 도서관에서 공부하지 않을래? ① 학교 도서관 열람실에서 밤 열두 시까지 공부할 수 있다고 해. ② 저녁은 샌드위치를 사 가지고 가자. 도서관에서 먹으면 공부할 수 있는 시간이 더 많겠지? ③ 도서관 안에서는 휴대전화를 꺼 놓거나 벨 소리를 진동으로 바꿔야 하니까 핸드폰은 집에 두고 가려고 해. 그리고 ④ 도서관에서 책을 빌리려면 학생증이 필요하다고 하니까 잊지 말고 꼭 가지고 와. 알았지?

10. 다음 글을 읽고 (   )에 알맞은 말을 쓰십시오.

최근 각 대학에 외국인 유학생이 많아지면서 외국인 유학생 도우미 제도를 실시하는 곳이 많이 있다. 외국인 유학생 도우미 제도는 한국의 대학생이 같은 대학으로 유학을 온 외국인 유학생에게 여러 가지 도움을 주는 제도이다. 도우미는 유학생이 학교생활에 빨리 적응할 수 있게 도움을 주며 한국어 학습에도 도움을 준다. 따라서 외국인 유학생들은 이 제도를 통해 학교생활에 빠르게 (   ) 한국어 실력도 향상시킬 수 있을 것이다. 그리고 한국 친구를 사귈 수 있는 좋은 기회도 될 것이다.

듣기

[1~3] 다음 글을 듣고 물음에 답하십시오.

1. 두 사람은 무엇에 대해 이야기하고 있습니까?
   ① 동아리　　② 학사 경고
   ③ 학교 홈페이지　　④ 계절 학기 수업

2. 들은 내용과 같은 것을 고르십시오.
   ① 남자는 조교 선생님과 통화를 했다.
   ② 여자는 계절 학기 수업을 들어야 해서 창피하다.
   ③ 여자는 남자에게 계절 학기 신청 기한을 알려 주었다.
   ④ 홈페이지를 통해서 계절 학기의 신청 기한을 알 수 있다.

3. 수지 씨는 왜 계절 학기 수업을 신청하려고 합니까?
   ① 학점이 좋은 편이기 때문에
   ② 빨리 졸업해서 취직을 하려고
   ③ 준수 씨가 같이 신청하자고 해서
   ④ 지난 학기에 학사 경고를 받아서

읽기

[1~2] 다음 글을 읽고 물음에 답하십시오.

같은 취미를 가진 사람들이 모여서 활동을 하는 모임을 동아리라고 합니다. 동아리는 종류도 다양합니다. 한국의 전통 악기를 배울 수 있는 사물놀이 동아리, 영어를 공부하는 영어 동아리, 어려운 이웃에게 도움을 주는 봉사 동아리 등이 있습니다. 이런 동아리들은 매년 발표회나 공연을 열어서 자신들의 활동을 널리 알립니다.

학생들은 동아리 활동을 통해 학교 수업 시간에 배울 수 없는 다양한 지식과 경험을 얻을 수 있으며, 이러한 지식과 경험은 졸업 후 취직을 할 때에도 도움을 줍니다. 그리고 많은 친구들을 사귈 수 있을 뿐만 아니라 대학 생활을 즐겁게 할 수 있습니다.

여러분도 관심이 있는 분야가 있으면 한번쯤 동아리 활동에 참여해 보는 것이 어떨까요?

1. 글의 내용과 **다른 것**을 고르십시오. (　　　)
   ① 동아리에 가입해야 졸업을 한 후에 취직을 할 수 있다.
   ② 동아리 활동을 통해 많은 경험을 할 수 있고 친구도 사귈 수 있다.
   ③ 동아리는 취미가 같은 사람들이 모여서 활동하며 그 종류도 다양하다.
   ④ 동아리 회원들은 자신들의 동아리 활동을 널리 알리려고 발표회나 공연을 한다.

2. 동아리 활동의 장점이 **아닌 것**을 고르십시오. (　　　)
   ① 대학 생활이 더 즐거워 질 수 있다.
   ② 관심이 없는 분야의 지식도 배울 수 있다.
   ③ 졸업을 한 후 취업을 할 때에도 도움이 될 수 있다.
   ④ 대학생활에서 넓은 인간관계를 만드는 데 도움을 주기도 한다.

[3~4] 다음 글을 읽고 물음에 답하십시오.

<u>모임 안내</u>

보고 싶은 친구 여러분!
우리가 대학을 졸업한 지 벌써 10년이 되었습니다.
우리 모두 한 자리에 모여 학창 시절로 돌아가 봅시다.
우리들을 늘 사랑으로 가르쳐 주신 교수님도 함께 모시려고 합니다.
바쁘시겠지만 꼭 와 주세요. 함께 즐거운 시간을 보냅시다.

▶ 일시 : 10월 31일(토) 저녁 6시
▶ 장소 : 충북 식당
▶ 회비 : 20,000원

※ 참석을 하지 못하시는 분들은 회장에게 알려주시기 바랍니다.

3. 무엇에 대한 글입니까? (   )

① 졸업식 ② 입학식 ③ 동창회 ④ 결혼식

4. 글의 내용과 같은 것을 고르십시오. (   )

① 학교에 다시 다니려고 만나는 모임입니다.
② 졸업생이 모여 즐거운 시간을 보내려고 합니다.
③ 모임에 올 수 없으면 선배에게 연락해야 합니다.
④ 졸업을 한 지 얼마 안 되었지만 만나려고 합니다.

| 쉽게 말하는 한국어 3 활용 |

4과 실수와 후회

01 가스 불을 켜 놓은 채로 나왔거든요.

문법(1)

▲ -다 보니(까)

1. 다음을 연결하고 문장을 쓰십시오.

1) 컴퓨터 게임을 매일 했다. •	• 그 노래가 좋아졌다.
2) 한국 친구와 이야기했다. •	• 게임에 중독됐다.
3) 친구들에게 인기가 많다. •	• 자주 연락하지 못했다.
4) 노래를 자주 들었다. •	• 약속이 너무 많다.
5) 요즘 회사 일이 바쁘다. •	• 한국어 실력이 늘었다.

1) <u>컴퓨터 게임을 매일 하다 보니까 게임에 중독됐어요</u>.

2) ______________________________.

3) ______________________________.

4) ______________________________.

5) ______________________________.

2. 다음 대화를 완성하십시오.

1) 가 : 새로 들어간 회사 일은 어때요?
   나 : 처음에는 힘들었는데 <u>다니다 보니 적응이 됐어요</u>.

2) 가 : 제가 요즘 ______________________ 일을 제대로 못해요.
   나 : 어디가 그렇게 아픈데요?

3) 가 : 아직도 비행기 표를 못 구했어요?
   나 : 네. 다음 주가 ______________________ 표를 구하기가 쉽지 않네요.

4) 가 : 원래 회를 그렇게 좋아하셨어요?
   나 : 아니요. 처음엔 못 먹었는데 ______________________ 좋아졌어요.

5) 가 : 날씨가 ______________________ 따뜻한 음식이 먹고 싶네.
   나 : 그래? 그럼 우리 김치찌개 먹으러 가자.

6) 가 : 마이클 씨는 한국에 와서 실수한 적이 있어요?
   나 : 네. 제가 ______________________ 한국문화를 잘 몰라서 실수를 많이 했어요.

문법(2)

▲ -아/어/여 놓다.

1. 다음을 연결하고 문장을 완성하십시오.

1) 비행기 표	•	•	켜다.
2) 음식	•	•	찾다.
3) 컴퓨터	•	•	예매하다.
4) 엄마 생신	•	•	만들다.
5) 양복	•	•	표시하다.

1) 부산에 가야 하니까 비행기 표를 예매해 놓으세요.

2) 이번 주말에 친구들이 놀러 오니까 ____________.

3) 보고서를 쓰려고 방에 들어와서 ____________.

4) 잊어버리지 않으려고 달력에 ____________.

5) 면접 볼 때 입어야 하니까 세탁소에서 ____________.

2. 다음 대화를 완성하십시오.

1) 가 : 식당에 사람들이 너무 많네요. 자리가 있을까요?
나 : 그럴 것 같아서 제가 미리 예약해 놓았어요.

2) 가 : 반장은 수업 시작하기 전에 항상 칠판을 ____________.
나 : 네. 알겠습니다. 선생님.

3) 가 : 내가 지난주에 ____________ 아이스크림이 없네? 먹었어?
나 : 응. 어제 내가 먹었어. 오늘 마트에 갈 거니까 다시 ____________.

4) 가 : 엄마가 지금 외출해야 하니까 밥 먹고 꼭 ____________.
나 : 네. 알았어요. 설거지만 하면 되지요?

5) 가 : 저는 물건을 자주 잃어버려요. 좋은 방법이 없을까요?
나 : 물건에 이름과 전화번호를 ____________.

6) 가 : 해외여행을 하려면 무엇을 준비해야 해요?
나 : ____________.

3. 다음 메모를 보고 글을 완성하십시오.

대학 입학 준비

공책 사기　　영어공부　　전공에 관한 책 읽기　　자주 갈 건물의 위치 알기

저는 내년 3월에 대학에 입학합니다. 그래서 미리 1) <u>입학 준비를 해 놓으려고 합니다</u>. 먼저 수업 시간에 교수님의 말씀을 받아 적으려고 2) ____________. 또, 영어로 하는 수업도 있다고 해서 3) ______________________________. 전공 공부가 어려울 테니까 대학에서 배울 전공 과목에 관한 책도 4) ____________________________. 학교 도서관과 과사무실, 그리고 강의실의 위치가 어디인지도 미리 5) ______________________________.

문법(3)

▲ -(으)ㄴ 채로

1. 다음을 연결하고 문장을 완성하십시오.

1) 창문을 열어 놓았다. •	• 잠을 잤다.
2) 옷을 입었다. •	• 외출했다.
3) 가격표를 떼지 않았다. •	• 학교에 갔다.
4) 밥을 안 먹었다. •	• 수영을 했다.
5) 머리가 젖다. •	• 옷을 입고 나갔다.

1) 너무 더워서 <u>창문을 열어 놓은 채로</u> 잠을 잤어요.

2) 수영복이 없어서 ______________________ 수영을 했어요.

3) 깜빡하고 ______________________ 옷을 입고 나갔어요.

4) 늦어서 ______________________ 학교에 갔어요.

5) ______________________ 감기에 걸렸어요.

2. 다음 대화를 완성하십시오.

1) 가 : 목을 왜 자꾸 만져요? 아파요?
나 : 네. 어제 늦게까지 숙제를 하다가 의자에 <u>앉은 채로</u> 잠이 들었어요.

2) 가 : 식당 앞에서 ______________________ 1시간이나 기다렸는데 밥을 못 먹었어요.
나 : 줄을 서서 기다려야 할 정도로 손님이 많군요.

3) 가 : 오늘 너무 바빠서 ______________________ 나왔는데 얼굴이 이상하지요?
나 : 아니에요. 미선 씨는 화장 안 한 얼굴이 더 예뻐요.

4) 가 : 사과를 ______________________________ 그냥 먹어요?
   나 : 네. 우리나라에서는 보통 사과를 깎지 않고 이렇게 먹어요.

5) 가 : 선생님, 4과는 너무 어려워요. 5과를 공부하면 안 돼요?
   나 : 안 돼요. 4과의 내용도 ____________________ 5과를 공부할 수는 없어요.

어휘

1. 다음 밑줄 친 곳에 들어갈 알맞은 말을 쓰십시오.

긴장하다	조심하다	서두르다	확인하다	집중하다

사람들은 어떤 때에 실수를 하게 될까요? 발표나 면접 같은 중요한 자리에서는 1) ________________ 되고, 긴장을 하면 2) ______________ 못하게 됩니다. 이럴 때는 면접의 예상 질문이나 발표 내용을 다시 한 번 3) ________ 반복해서 연습하는 것이 좋습니다. 그리고 실수하지 않게 4) ___________ 합니다. 시간이 없다고 5) __________ 오히려 더 실수를 하게 됩니다.

02 청주에 가는 버스인 줄 알았어요.

문법(1)

▲ -는 / (으)ㄴ 줄 알았다. / 몰랐다.

1. 다음 표를 보고 문장을 완성하십시오.

	현재나 사실에 대한 착각	실제
1)	친구가 문화 체험에 안 간다.	친구는 문화 체험에 간다.
2)	남자친구가 요즘 바쁘다.	남자친구는 바쁘지 않다.
3)	저 사람은 학생이다.	저 사람은 선생님이다.
4)	오늘은 동생 생일이 아니다.	오늘은 동생 생일이다.

1) 친구가 이번 문화체험에 <u>안 가는 줄 알았는데</u> 간다고 하네요.
2) 남자친구가 요즘 ______________________________ 바쁘지 않다고 해요.
3) 저 사람이 너무 어려 보여서 ______________________________ 선생님이라고 해요.
4) ______________________________ 아침에 엄마가 오늘은 동생 생일이라고 얘기해 주셨어요.

	과거나 완료된 동작에 대한 착각	실제
5)	회의가 끝났다.	회의가 끝나지 않았다.
6)	우리 아버지는 예전에 공부를 잘 하셨다.	아버지는 공부를 못 하셨다.
7)	친구가 어렸을 때 예쁘지 않았다.	친구는 예뻤다.
8)	여기가 예전에 병원이 아니었다.	여기는 예전에 병원이었다.

5) 저는 회의가 <u>끝난 줄 알고</u> 들어갔는데 회의 중이었어요.
6) 우리 아버지가 예전에 ______________________________ 얘기를 들어보니 그렇지 않으셨다고 하네요.
7) 친구가 어렸을 때 ______________________________ 사진을 보니 예뻤어요.
8) 여기가 예전에 ______________________________ 병원이었다고 해요.

	미래에 대한 착각, 틀린 추측	실제
9)	내 여자 친구는 밥을 조금 먹을 것이다.	여자 친구는 밥을 많이 먹는다.
10)	나는 시험에 합격할 것이다.	나는 시험에 떨어졌다.
11)	마이클 씨는 나보다 나이가 많을 것이다.	마이클 씨는 나와 동갑이다.
12)	시내에 사람이 별로 없을 것이다.	시내에 사람이 많다.

9) 내 여자 친구가 밥을 많이 먹을 줄 몰랐는데 나보다 더 많이 먹네요.

10) 공부를 많이 해서 시험에 ______________________ 떨어졌어요.

11) 마이클 씨가 나보다 ______________________ 동갑이라고 해요.

12) 시내에 사람이 ______________________ 너무 많아서 깜짝 놀랐어요.

2. 다음 대화를 완성하십시오.

1) 가: 아이하고 같이 가는 지수 씨를 보고 지수 씨가 결혼한 줄 알았어요.
   나: 지수 씨는 미혼이에요. 그 아이는 아마 조카일 거예요.

2) 가: 아직 졸업 안 했어요? 나는 미영 씨가 벌써 ______________.
   나: 저는 내년에 졸업해요.

3) 가: 요즘 날씨가 덥지요?
   나: 네. 한국의 여름 날씨가 이렇게 ______________.

4) 가: 한국어능력시험 잘 봤어요?
   나: 아니요. 시험이 그렇게 ______________.

5) 가: 왜 이렇게 얇게 입고 왔어요?
   나: ______________________.

문법(2)

▲ -고 보니(까)

1. 다음 표를 채우고 문장을 만드십시오.

	행동하기 전의 예상, 상태	행동	행동이 끝난 후 새롭게 알게 된 것 (예상, 상태와 다른 결과)
1	내 물인 줄 알았다.	마셨다.	다른 사람의 물이었다.
2	오늘 숙제인 줄 알았다.	숙제를 했다.	어제 숙제였다.
3	문법에 대해서 잘 몰랐다.	설명을 들었다.	이해가 되었다.
4	수진 씨가 어떤 사람인 줄 몰랐다.	사귀었다.	좋은 사람이었다.
5	가방이 명품인 줄 알았다.	샀다.	가짜였다.

1) 내 물인 줄 알았는데 마시고 보니까 다른 사람의 물이었어요.

2) 오늘 숙제인줄 알았는데 ______________________________.

3) 문법에 대해서 잘 몰랐는데 ______________________________.

4) 수진 씨가 어떤 사람인 줄 몰랐는데 ______________________.

5) 그 가방이 명품인 줄 알았는데 ___________________________.

2. 다음 대화를 완성하십시오.

1) 가: 저 배우는 나이가 많은 것 같아요. 드라마에서 항상 할머니로 나오는 것 같아요.

나: 아니에요. 저도 처음에는 몰랐는데 알고 보니 나이가 많지 않았어요.

2) 가: 등산해 보니까 어때요?

나: 힘들었지만 산에 ______________________________ 기분이 좋았어요.

3) 가: 네. 고객님 뭘 도와 드릴까요?

나: 파란색 바지를 주문했는데 택배를 ____________________ 검정색 바지였어요.

4) 가: 도둑이 잡혔어요?

나: 아니요. 경찰이 도둑인줄 알고 잡았는데 ____________________.

5) 가: 수영을 참 잘하시네요. 저는 물이 무서워서 수영을 못하겠어요.

나: 저도 배우기 전에는 그랬는데 ____________________.

3. 다음에서 알맞은 것을 골라 글을 완성하십시오.

타다	알고	나오다	계산하다	주문하다	일어나다

오늘은 정신이 없는 날이었다. 내 생각대로 안 되는 일이 많았다. 여자친구와 10시에 만나기로 했는데 1) 일어나고 보니 벌써 10시였다. 급하게 씻고 밥도 먹지 못한 채로 나왔다. 그런데 집에서 2) ______________ 지갑이 없었다. 책상 위에 놓고 그냥 나온 것이다. 주머니에 카드가 하나 있었기 때문에 그냥 갔다. 여자 친구는 무척 화를 냈다. 3) ______________ 오늘이 우리가 만난 지 백 일이 되는 날이었다. 미안해서 여자 친구에게 꽃을 사 주고 놀이공원에 갔다. 나는 놀이기구를 별로 좋아하지 않았지만 여자 친구가 좋아해서 같이 탔다. 5개쯤 4) ______________ 후회가 되었다. 머리가 너무 아팠다. 저녁때는 유명한 레스토랑에 갔다. 음식의 가격을 보지 않고 주문했는데 5) ______________ 무척 비쌌다. 하지만 여자 친구가 맛있게 먹는 것을 보고 괜찮다고 생각했다. 밥을 다 먹고 일어났다. 카드로 계산을 했다. 그런데 6) ______________ 그 카드는 아버지의 카드였다. 어제 심부름을 하고 돌려드리는 것을 깜빡했다. 아, 걱정이다. 어떻게 해야 할까…….

문법(3)

▲ -(으)ㄹ까 봐(서)

1. 다음 표를 보고 문장을 쓰십시오.

	추측 (걱정 · 고민하는 것)	걱정 · 고민 때문에 한 행동
1)	기차를 놓치는 것	일찍 출발했다.
2)	아기가 깨는 것	작은 소리로 이야기했다.
3)	여행 가서 아픈 것	약을 사 놓았다.
4)	음식이 부족한 것	많이 만들어 놓았다.
5)	날씨가 추워지는 것	두꺼운 코트를 사 놓았다.

1) 기차를 놓칠까 봐 집에서 일찍 출발했어요.

2) ______________________________.

3) ______________________________.

4) ______________________________.

5) ______________________________.

2. 다음 문장을 완성하십시오.

1) 대학 시험에 떨어질까 봐 고민이에요.

2) 약속 시간에 ____________________ 걱정이에요.

3) 요즘 자꾸 나쁜 꿈을 꾸는데 잠을 자면 또 ______________ 무서워.

4) 내일 면접을 보는데 면접관의 질문에 ____________________ 고민이에요.

3. 다음 대화를 완성하십시오.

1) 가: 다른 사람한테 말할까 봐 너한테 말 못하겠어.
나: 다른 사람에게는 말하지 않을 테니까 걱정하지 말고 말해 봐.

2) 가: 밍밍 씨는 매일 부모님께 전화를 해요?
나: 네. ______________________________ 매일 전화를 해요.

3) 가: 아까 그 원피스 예쁘다고 하더니 왜 안 샀어요?
나: 원피스가 나한테 ______________________________.

4) 가: 아이가 자전거를 타고 싶어 하는데 왜 못 타게 해요?
나: 아이가 자전거를 타다가 ______________________________.

5) 가: 선생님은 왜 우리에게 이렇게 숙제를 많이 내세요?
나: ______________________________.

4. 다음에서 알맞은 표현을 골라 글을 완성하십시오.

맛(이) 없다	잊어버리다	크다	마음에 안 들다	실수하다

다음 주 수요일은 우리 엄마 생신이에요. 요즘 너무 바빠서 1) 잊어버릴까 봐 달력에 표시해 놓았어요. 그리고 선물로 반지를 사 놓았는데 엄마 2) ____________ 고민입니다. 또 반지가 엄마 손가락에 3) ____________ 걱정도 되고요. 그 날은 일찍 일어나서 아침도 차려 드릴 생각이에요. 음식이 4) ____________ 지금 요리책을 보고 연습하는 중이에요. 제 덜렁거리는 성격 때문에 밖에서 제가 5) ____________ 항상 걱정만 하시는 우리 엄마. 그 날은 정말 기뻐하셨으면 좋겠어요.

어휘

1. 다음의 밑줄 친 부분에 가능한 표현을 보기에서 모두 골라 아래 그림에 쓰고 문장을 완성하십시오.

착각하다	잘못 보다	잘못 듣다	잘못 알다
잊어버리다	오해(를) 하다/받다	헷갈리다	

1) ,	2)	3)

4) ,	5)	6) ,

1) 대구로 가셨다는 말을 ______________________ 댁으로 가신 줄 알았어요.
2) 비디오를 오늘까지 반납해야 하는데 ______________________ 반납하지 않았어요.
3) '잊어버리다' 와 '잃어버리다' 는 비슷해서 항상 ______________________.
4) 친구인줄 알고 불렀는데 내가 ______________________ 것이었어요.
5) 친구와 통화하다가 전화가 끊어졌는데 친구는 내가 끊었다고 __________.
6) 선생님이 시험범위를 1과부터 15과까지라고 알려주셨는데 1과부터 5과까지인 줄 알고 공부를 안했어요. 내가 ______________________.

03 설탕을 넣는다는 것이 소금을 또 넣었구나.

문법(1)

▲ 에다가

1. 다음을 완성하십시오.

1) 

라면에다가 계란을 넣었어요.

2) 

__________ 설탕을 몇 스푼 넣어요?

3) 

__________ 5를 더하면 8이 돼요.

4) 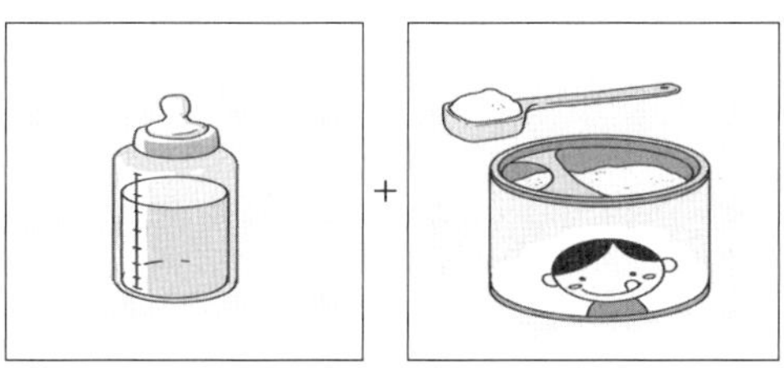

__________ 아기가 먹을 분유를 탔어요.

5) 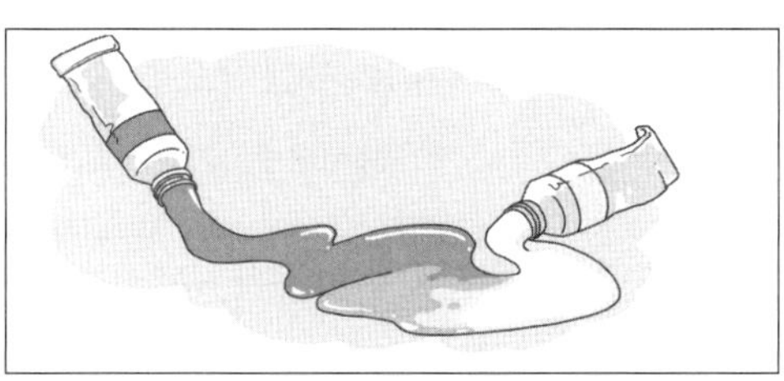

__________ 하얀색을 섞어서 분홍색을 만들었어요.

2. 다음 대화를 완성하십시오.

1) 가: 안녕하세요? 이 동아리에 가입하고 싶은데 어떻게 해야 해요?
   나: 여기 <u>가입 신청서에다가</u> 이름과 전화번호를 쓰세요.

2) 가: 혹시 민석 씨 전화 번호 알아요?
   나: 지난번에 ________________ 저장해 놓은 것 같은데 못 찾겠네요.

3) 가: 한국에서는 불이 나면 어디에 전화해야 해요?
   나: ______________________ 전화하면 돼요.

4) 가: 비자 연장을 하려고 하는데요.
   나: 그럼, ________________________ 문의해 보세요.

5) 가: 안내문을 문에 붙일까요?
   나: 아니요. ____________________________________.

6) 가: 선생님, 이번 숙제도 책에다 해요?
   나: 아니에요. 이번 숙제는 ________________________.

7) 가: 이 화분을 어디에 놓을까요?
   나: ____________________________________ 놓으세요.

8) 가: 이 옷을 어떻게 할까요?
   나: ____.

9) 가: 아이스크림이 남았는데 어떡하지요?
   나: ____.

10) 가: 가수 진서연 씨지요? 사인 좀 해 주시겠어요?
    나: 어디에다가 해 드릴까요?
    가: ____.

문법(2)

▲ -는/ㄴ다는 것이

1. 다음을 연결하고 문장을 완성하십시오.

1) 책을 읽으려고 했다. •	• 고양이를 그렸다.
2) 청주에 가려고 했다. •	• 우유를 뽑았다.
3) 커피를 뽑으려고 했다. •	• 잠이 들었다.
4) 호랑이를 그리려고 했다. •	• 식용유를 샀다.
5) 식초를 사려고 했다. •	• 충주에 갔다.

1) 책을 읽는다는 것이 그만 잠이 들었다.
2) 청주에 ________________________________.
3) 커피를 ________________________________.
4) 호랑이를 ________________________________.
5) 식초를 ________________________________.

2. 다음 대화를 완성하십시오.

1) 가 : 어떡하죠? 동생의 그림을 도와준다는 것이 오히려 망쳤어요.
   나 : 괜찮을 거예요. 동생도 이해하겠죠.
2) 가 : 왜 그래요? 얼굴 표정이 좋지 않아요.
   나 : 제가 메일로 숙제를 ______________ 실수로 사진을 보냈어요.
3) 가 : 왜 그렇게 얼굴이 빨개요?
   나 : 급해서 남자화장실에 ______________ 여자화장실에 들어 갔어요. 창피해요.
4) 가 : 손님, 이 카드는 사용할 수 없는데요.
   나 : 아, 미안해요. 제가 잘못 보고 ______________ 전화 카드를 냈어요.
5) 가 : 왜 책이 없어요?
   나 : 제가 한국어 3권을 ______________ 한국어 2권을 가져 왔어요.
6) 가 : 어제 잠을 못 잤어요?
   나 : 네. 어젯밤에 게임을 10분만 ______________.

문법(3)

▲ -아/어/여야지(요).

1. 다음은 철수 씨의 새해 계획입니다. 아래와 같이 문장으로 바꾸십시오.

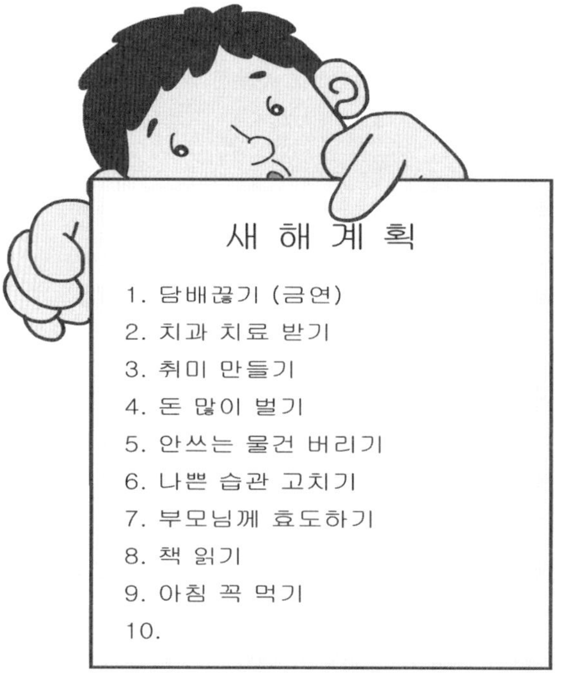

1) 올해에는 꼭 <u>담배를 끊어야지(금연해야지)</u>.
2) 치과에 가서 아픈 이를 ______________________________.
3) 즐길 수 있는 취미를 ______________________________.
4) 돈을 많이 ______________________________.
5) 안 쓰는 물건을 꼭 ______________________________.
6) 늦게 일어나는 ______________________________.
7) 부모님께 ______________________________.
8) ______________________________.
9) ______________________________.
10) ______________________________.

2. 다음 대화를 완성하십시오.

1) 가 : 대학교에 들어가고 싶어요. 하지만 한국어가 아직 부족해요.
   나 : 대학교에 들어가려면 열심히 공부해야지요.
2) 가 : 내일 선생님께서 본문 외우기를 시킨다고 하셨어요.
   나 : 그럼, ______________________.
3) 가 : 저는 술을 좋아하는데 얼마 전에 병원에 가보니까 위가 안 좋다고 해요.
   나 : 그럼, ______________________.
4) 가 : 영희야, ______________________.
   나 : 엄마, 지금까지 공부했어요. 조금만 쉴게요.
5) 가 : ______________________.
   나 : 네. 선생님 죄송합니다. 다음부터 늦지 않을게요.
6) 가 : ______________________.
   나 : 저도 결혼하고 싶어요. 좋은 사람 있으면 소개해 주세요.

3. 다음 이야기의 주인공인 화가의 결심을 써 보고 화가에게 조언해 봅시다.

> 한 화가가 있었다. 어느 날 그 화가는 1)모든 사람이 깜짝 놀랄 작품을 그려야겠다고 생각했다. 그리고 사람들에게 자신의 생각에 대해 이야기했다. 2)그림을 빨리 완성해서 어떤 화가보다 더 유명해져야겠다고 생각했다.
> 그러나 그 화가는 그 날 바로 일을 시작할 수 없었다. 오래 전부터 팔이 아팠는데 그날은 더 심했기 때문이다. 3)그래서 내일부터 하기로 했다. 그러나 4)그 다음 날도 일을 시작할 수 없었다. 날씨가 나빴기 때문이다. 5)그 다음 날에는 다시 그 다음 날로 일을 미뤘다. 아주 급한 일이 있었기 때문이다. 그렇게 하루 하루 지나 화가는 죽게 되었다. 물론 화가 머릿속의 작품도 함께 없어졌다. 화가는 생각만 있었고 시작할 용기가 없었다. 바보들은 항상 생각만 한다.

1) 모든 사람이 깜짝 놀랄 작품을 그려야지.
2) 빨리 그림을 완성해서 ______________________.
3) 팔이 아프니까 오늘은 쉬고 ______________________.
4) 날씨가 좋아지면 ______________________.
5) 급한 일이______________________.
6) 이 화가에게 해 주고 싶은 나의 조언: ______________________.

어휘

1. 다음 그림을 보고 알맞은 것을 골라 밑줄 친 곳에 쓰십시오.

〈보기〉	깨지다	빠지다	떨어지다	넘어지다
	깨뜨리다	빠뜨리다	떨어뜨리다	넘어뜨리다

1)

새 전화를 사고 싶어서 휴대 전화를 망치로 __________.
휴대 전화가 __________ 새로 사야해요.

2)

소영이가 장난으로 미선이를 물에 ________________.
미선이가 물에 ________________ 옷이 많이 젖었어요.

3)

상대편 선수가 우리 팀 선수를 ____________________.
그래서 우리 팀 선수가 ________________________.

4)

사진을 찍다가 실수로 카메라를 ________________.
카메라가 바닥에 __________________ 고장이 났어요.

04 선생님의 말씀을 들을 걸 그랬어요.

문법(1)

▲ -(으)ㄹ수록

1. 다음 그래프를 보고 문장을 완성하십시오.

1) 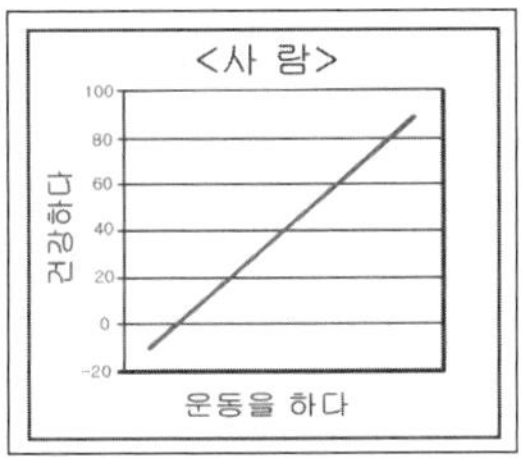

사람은 운동을 할수록 건강해져요.

2) 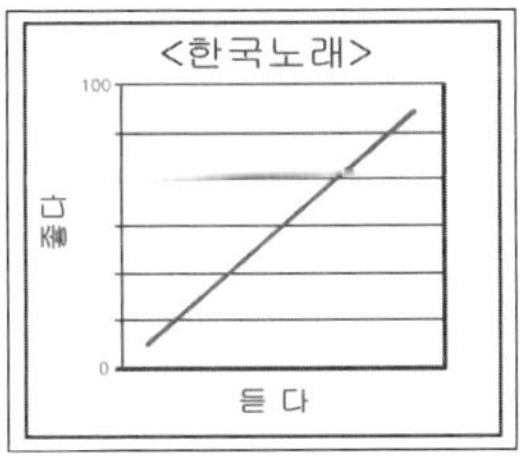

한국 노래는 ________________.

3) 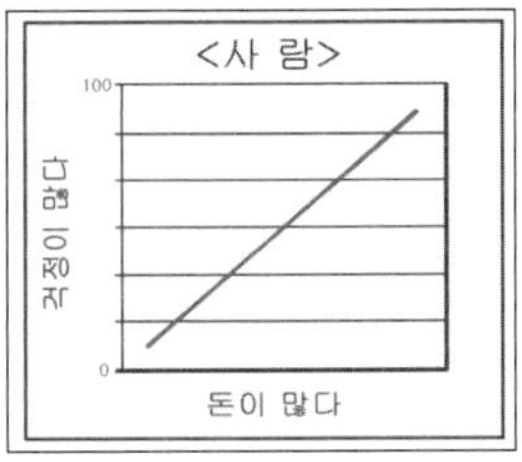

사람은 ________________.

4) 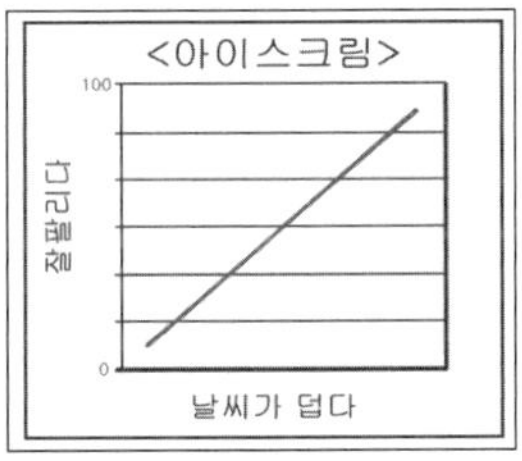

아이스크림은 ________________.

5) 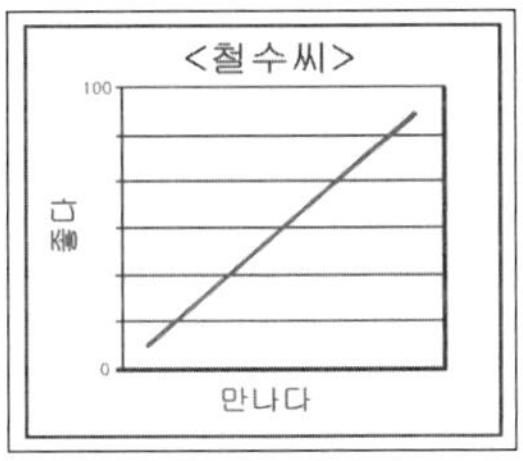

________________.

2. 다음 대화를 완성하십시오.

1) 가 : 윌슨 씨 한국에서 생활하기가 어때요?
나 : 처음에는 문화가 달라서 좀 힘들었습니다. 그렇지만 시간이 지나면 지날수록 한국문화에 익숙해져서 지금은 괜찮아요.

2) 가 : 재미없어서 그만 읽는다고 하더니 그 책을 아직도 읽고 있어?
나 : 처음에는 너무 재미없었는데 ________________ 재미있어서 계속 읽게 돼.

3) 가 : 처음에는 잘 못 먹더니 이제 잘 먹네요. 김치가 맛있어요?
나 : 네. 조금 맵지만 ________________________.

4) 가 : 왜 그렇게 안 먹어요?
나 : 아파서 밥이 먹고 싶지 않아요.
가 : 그러면 안 돼요. ________________________ 많이 먹어야 해요.

5) 가 : 이 소포를 미국으로 보내고 싶은데 얼마예요?
나 : 저울 위에 올려놓으세요. 무게가 ________________ 요금이 비싸요.

6) 가 : 휴대 전화 수리는 언제까지 해 드리면 될까요?
나 : 빨리 해 주세요. ________________________ 좋아요.

7) 가 : 저는 지금 초급이라서 공부를 많이 안 해요.
나 : 무슨 소리예요? ________________________.

3. 다음 그래프를 보고 기사문을 완성하십시오.

1)

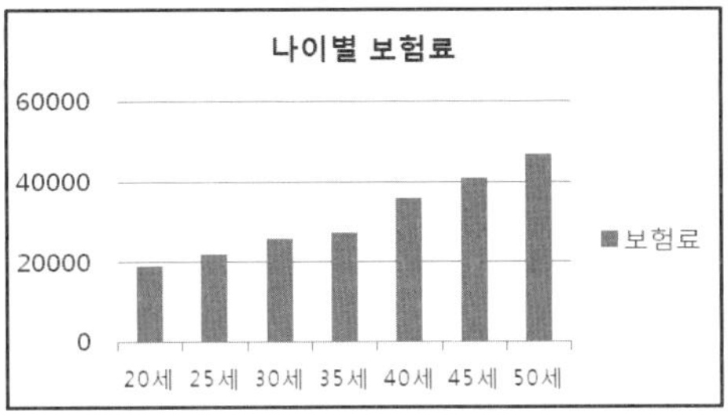

한 보험사의 상품 안내를 보면 나이별 보험료는 20세 19,000원, 25세 22,000원, 30세 26,000원, 35세 27,500원, 40세 36,000원, 45세 41,000원, 50세 47,000원으로 나이가 많을수록 비싼 것으로 나타났다.

2)

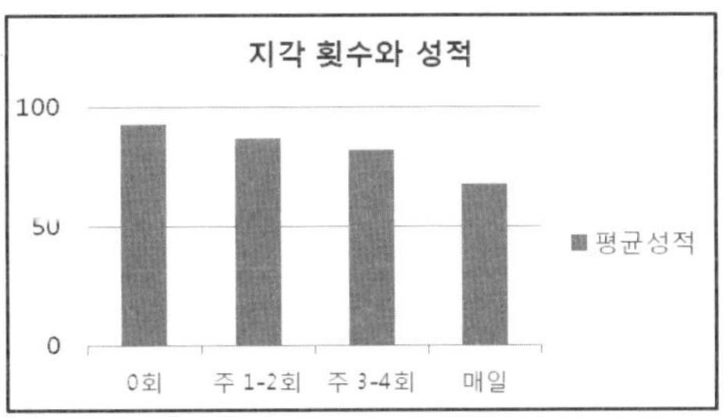

한국어 연수생들을 대상으로 조사한 결과 ______________________ 것으로 나타났다. 거의 지각을 하지 않는 학생의 평균 점수는 93점, 한두 번 지각을 하는 학생들의 평균은 87점, 서너 번 지각을 하는 학생들의 평균은 82점, 그리고 매일 지각을 하는 학생들의 평균은 70점을 넘지 못했다.

3)

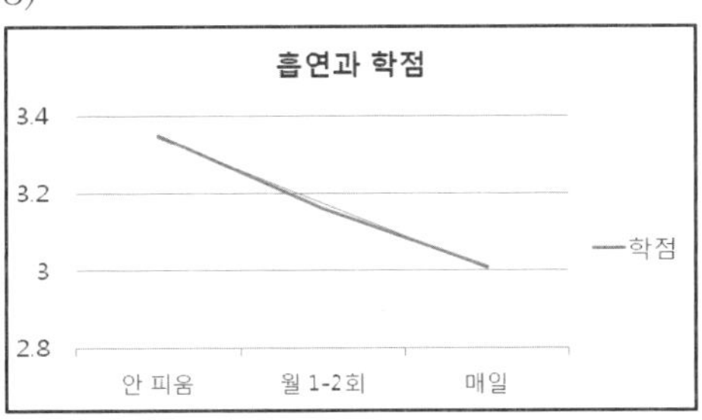

미국의 한 박사팀이 대학 재학생 9,000 명을 대상으로 조사한 결과, ______________________________.

담배를 전혀 피우지 않는 학생들의 평균 학점은 3.35로 가장 높았고 한 달에 한두 번 피우는 학생은 평균 3.16, 매일 담배를 피우는 학생은 평균 3.01로 낮았다.

4)

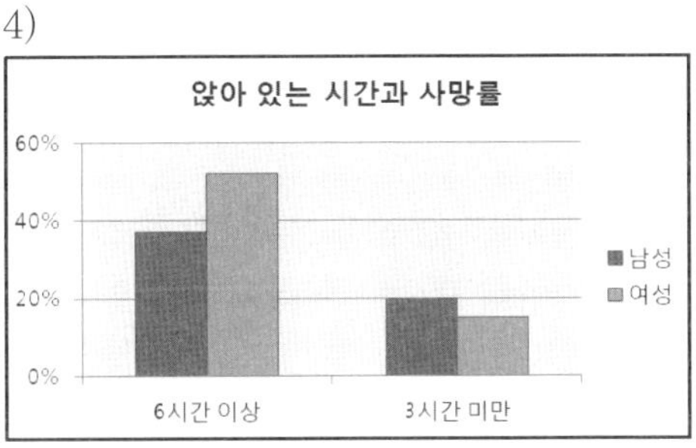

성인 약 12만 명을 대상으로 14년간 조사한 결과 ______________________ ______________________. 하루에 6시간 이상을 앉아서 지내는 사람은 3시간 미만인 사람에 비해서 사망률이 여성은 37%, 남성은 17% 더 높았다.

문법(2)

▲ -(으)ㄹ걸 그랬다.

1. 다음 표를 보고 아래 문장을 완성하십시오.

	원인	나쁜 결과
1)	교통 신호를 안 지켰다.	사고가 났다.
2)	영어를 못한다.	면접에서 떨어졌다.
3)	선생님께 거짓말을 했다.	선생님이 나를 믿지 않는다.
4)	아침을 안 먹었다.	배가 고파서 공부가 안 된다.
5)	여자 친구와 싸웠다.	헤어지게 됐다.

1) 교통 신호를 지킬걸 그랬다.

2) ____.

3) ____.

4) ____.

5) ____.

2. 다음 대화를 완성하십시오.

1) 가 : 영화표가 매진이네요. 너무 늦게 온 것 같아요.
   나 : 그러네요. 미리 예매해 놓을걸 그랬어요.

2) 가 : 제 전공이 적성에 잘 안 맞아서 후회돼요. ____________________.
   나 : 그럼, 전공을 사회학과로 바꿔 보세요. 지금도 늦지 않았어요.

3) 가 : 친구가 선물을 줬는데 받고 보니 비싼 선물이라 부담스러워요. 이럴 줄 알았으면 선물을 ______________________________.
   나 : 선물을 받지 않았으면 아마 그 친구가 서운해 했을 거예요.

4) 가 : 뮤지컬 공연 표를 샀는데 바빠서 갈 수가 없어요. ________________.
   나 : 그래요? 그럼, 그 표를 제가 살게요. 저도 보고 싶었거든요.

5) 가 : 내일부터 백화점 세일기간이라고 들었는데 같이 쇼핑 갈래요?
   나 : 저는 세일을 기다리다가 지난주에 코트를 샀는데 이럴 줄 알았으면 ________ ________________________.

3. 다음 글을 읽고 밑줄 친 부분을 알맞게 고치십시오.

다음은 사람들이 죽기 전에 가장 많이 후회하는 다섯 가지이다. 첫째, 나는 1) 왜 꿈을 이루려고 노력하지 않았을까? 내 꿈을 이루고 자유롭게 살았으면 좋았을 텐데……. 둘째, 나는 2)왜 그렇게 일만 했을까? 내 생활을 더 즐겼으면 좋았을 텐데……. 셋째, 나는 3)왜 나의 감정을 숨기고 살았을까? 감정을 솔직하게 표현했으면 좋았을 텐데……. 넷째, 나는 4)왜 친구들과 계속 연락을 하지 않았을까? 친구들과 더 많은 시간을 보냈으면 지금 그리운 친구들이 내 옆에 있었을 텐데……. 다섯째, 나는 5)왜 더 행복해지려고 노력하지 않았을까? 현재에 만족하지 않았으면 지금보다 더 나은 생활을 했을 텐데…….

1) 꿈을 이루려고 노력할걸 그랬어요. 꿈을 이루고 자유롭게 살걸 그랬어요.

2) ______________. ______________.

3) ______________. ______________.

4) ______________. ______________.

5) ______________. ______________.

문법(3)

▲ -는/(으)ㄴ 법이다.

1. 다음을 보고 문장을 쓰십시오.

1)	봄이 온다. → 당연히 꽃이 핀다.
2)	아이가 자란다. → 당연히 어른이 된다.
3)	부모가 된다. → 당연히 자식 걱정을 한다.
4)	노력하지 않는다. → 당연히 아무 결과가 없다.
5)	사랑하는 사람과 헤어진다. → 당연히 슬프다.

1) 봄이 오면 꽃이 피는 법이다.
2) ______________________________.
3) ______________________________.
4) ______________________________.
5) ______________________________.

2. 다음에서 알맞은 말을 골라 대화를 완성하십시오.

- 늦었다고 생각할 때가 가장 빠르다.
- 잠은 잘수록 더 자고 싶어진다.
- 일찍 일어나는 새가 벌레를 잡는다.
- 자식 이기는 부모 없다.
- 세상에 공짜는 없다.

1) 가 : 공짜라고 해서 선물을 받았는데 보험에 가입하라고 자꾸 전화가 오네요.
   나 : 세상에 공짜는 없는 법이에요.
2) 가 : 오랜만에 휴일이라서 많이 잤는데 계속 졸리네요.
   나 : ______________________________.
3) 가 : 피아노를 배우고 싶은데 제 나이가 너무 많지 않을까요?
   나 : 지금 시작하세요. ______________________________.
4) 가 : 민석 씨는 부모님께서 그렇게 결혼을 반대하더니 드디어 허락하셨다고 해요.
   나 : 그렇군요. 원래 ______________________________.
5) 가 : 선생님, 지금 강의 신청할 수 있어요?
   나 : 신청자가 많아서 마감됐어요. ______________________________.
   다음부터는 일찍 서두르세요.

3. 다음에서 알맞은 속담을 골라 밑줄 친 곳에 다음과 같이 쓰십시오.

• 세 살 버릇 여든까지 간다.	• 벼는 익을수록 고개를 숙인다.
• 원숭이도 나무에서 떨어진다.	• 윗물이 맑아야 아랫물이 맑다.
• 가는 말이 고와야 오는 말이 곱다.	

1) 

가 : 친구와 싸우다가 화가 나서 친구에게 나쁜 말을 했는데 친구가 나에게 더 큰 소리로 나쁜 말을 했어요.

나 : <u>가는 말이 고와야 오는 말이 고운 법이에요</u>.

2) 

가 : 저는 어렸을 때부터 불안하면 자꾸 손톱을 물어 뜯는 습관이 있었는데 못 고치겠어요.

나 : ______________________________.

3) 

가 : 얼마 전에 도둑이 잡혔는데, 알고 보니 그 부모까지 다 도둑이라고 해요.

나 : ______________________________.

4) 

가 : 그렇게 잘하는 박 선수가 실수할 줄 몰랐어요. 실수만 안 했으면 당연히 우리 팀이 이겼을 텐데.

나 : ______________________________.

5) 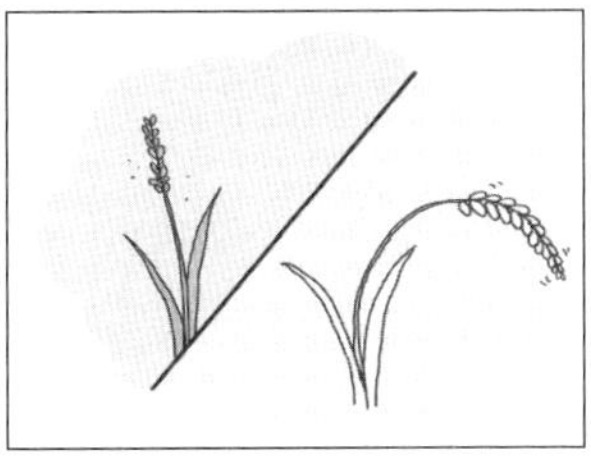

가 : 제가 아는 어떤 선배는 토픽 6급에 합격했으면서 아직도 모르는 게 많다고 한국어 공부를 계속 해요.

나 : ______________________________.

어휘

1. 다음에서 알맞은 어휘나 표현을 골라 (　　　　) 안에 쓰십시오.

인정하다	용서를 빌다	속이다	핑계를 대다
이해하다	조언하다	실망하다	야단을 치다

※ 민수는 어린 동생 민호와 같이 놀다가 실수로 엄마가 좋아하는 꽃병을 건드려서 깨뜨렸습니다. 외출하셨다가 돌아온 엄마에게 어떻게 말하겠습니까?

엄마 : 이게 뭐야? 누가 그랬니?
민수 : 제가 그랬어요. 엄마. 제가 민호하고 같이 놀다가 그랬어요. 1)(　　　　)
　　　엄마, 죄송해요. 잘못했어요. 용서해 주세요. 2)(　　　　)
엄마 : 다친 곳은 없니? 많이 놀랐겠구나.
　　　실수로 그랬을 테니까 괜찮아. 3)(　　　　)
　　　다음부터 조심해야 된다.
　　　깨질 수 있는 물건이 있을 때는 특히 더 조심해야 하는 거야. 4)(　　　　)

엄마 : 이게 뭐야 누가 그랬니?
민수 : 엄마, 저는 잘 몰라요. 아마 민호가 그런 것 같아요. 5)(　　　　)
　　　사실은 민호가 저를 밀었어요.
　　　민호가 밀지 않았으면 깨지지 않았을 거예요. 6)(　　　　)
엄마 : 엄마가 이 꽃병을 얼마나 좋아하는지 알면서 조심하지도 않은 거야?
　　　엄마는 네가 다 큰 줄 알았는데 동생도 잘 돌보지 못하고……. 7)(　　　　)
　　　너는 항상 덜렁거리는 성격 때문에 문제야.
　　　다음에 또 그러면 더 혼날 줄 알아! 8)(　　　　)

05 복습

어휘

[1~5] 다음 (　　　)에 알맞은 것을 고르십시오.

1. 졸업을 하고 보니 학교 다닐 때 공부 좀 열심히 할 걸 하는 (　　　)이/가 된다.
   ① 긴장　　② 후회　　③ 노력　　④ 실수
2. 기다리는 전화가 있어서 벨이 울리자마자 (　　　) 받았다.
   ① 얼른　　② 아직　　③ 자세히　　④ 다행히
3. 합격 소식을 듣고 제일 먼저 선배에게 대학생활에 대한 (　　　)을/를 구했다.
   ① 답장　　② 조언　　③ 양보　　④ 준비
4. 그는 세계적으로 유명한 부자지만 (　　　) 사람처럼 살고 있다.
   ① 평범한　　② 창피한　　③ 서운한　　④ 자랑스러운
5. 공부를 많이 했는데 시험을 볼 때 너무 (　　　) 생각이 잘 나지 않았다.
   ① 긴장해서　　② 이해해서　　③ 오해해서　　④ 인정해서

[6~8] 다음 밑줄 친 부분과 의미가 비슷한 것을 고르십시오.

6. 지하철에 사람이 많을 때는 다른 사람의 발을 밟지 않도록 <u>조심해야</u> 한다. (　　　)
   ① 확인해야　　② 사과해야　　③ 주의해야　　④ 집중해야

7. 자동차 바퀴에 구멍이 나서 새 것으로 <u>바꿨다</u>. (　　　)
   ① 갈았다　　② 지웠다　　③ 망쳤다　　④ 돌렸다

8. 그는 친구와 한 약속을 <u>잊어버리고</u> 그냥 집으로 돌아갔다. (　　　)
   ① 잃어버리고　　② 헷갈리고　　③ 착각하고　　④ 깜빡하고

[9~10] 다음 (   )에 공통적으로 들어갈 동사를 고르십시오.

9.

어머니께 야단을 (   ) 봐 거짓말을 했다. 날씨가 맑다가 갑자기 비가 와서 비를 (   ). 디자인은 마음에 드는데 내 몸에 (   ) 치수가 없어서 사지 못했다.

① 치다 ② 나다 ③ 맞다 ④ 피하다

10.

사람들에게 오해를 (   ) 행동이나 말은 하지 않는 것이 좋다. 그는 잘못을 깨달았지만 이미 용서를 (   ) 너무 늦었다. 매우 힘든 상황이었지만 친구의 따뜻한 위로를 (   ) 이겨낼 수 있었다.

① 사다 ② 하다 ③ 빌다 ④ 받다

[11~12] 다음 밑줄 친 부분과 의미가 **반대인 것**을 고르십시오.

11. 어제 실수로 도자기를 깨뜨렸다고 엄마에게 솔직하게 고백했다. (   )
① 알렸다 ② 반성했다 ③ 숨겼다 ④ 빌었다

12. 집에서 회사까지 거리가 멀어서 출근 시간이 오래 걸린다. (   )
① 반복 ② 퇴근 ③ 실망 ④ 사과

13. 다음 밑줄 친 부분이 **틀린** 것을 고르십시오. (   )
① 졸업한 지 오래 돼서 학교에서 배운 것을 깜빡했다.
② 아침에 너무 바빠서 깜빡하고 지갑을 안 가지고 나왔다.
③ 숙제가 있다는 것을 잊어버리고 늦게까지 친구들하고 놀았다.
④ 중학교 때 학교 앞에 식당이 있었는데 지금은 그 식당 이름도 잊어버렸다.

문법

[1~5] 다음 (   )에 알맞은 것을 고르십시오.

1. 가 : 요즘 왜 이렇게 연락이 안 돼요?

   나 : 회사 일이 너무 (   ) 전화 받을 시간도 없네요.

   ① 많기는 하지만　　② 많을 텐데

   ③ 많다 보니까　　④ 많을까 봐서

2. 가 : 그 책은 지난번에 읽은 것 아니에요?

   나 : 다시 읽고 있어요. 이 책은 (   ) 새로운 감동을 주거든요.

   ① 읽는데　　② 읽을수록

   ③ 읽고 보니　　④ 읽으려고

3. 가 : 사무실 전화번호를 모르는데 어떻게 해야 할까요?

   나 : 114(   ) 문의해 보세요.

   ① 한테　　② 에다가　　③ 에게　　④ 밖에

4. 가 : 보고서를 내일까지 제출해야 하는데 다 썼어요?

   나 : 아니요. 지금 쓰고 있는데 다 쓰지 (   ) 걱정이에요.

   ① 못할 걸　　② 못하더니

   ③ 못할까 봐　　④ 못할수록

5. 가 : 어제 모임에 왜 안 왔어? 모두 모여서 아주 재미있었는데.

   나 : 그래? 그럴 줄 알았으면 나도 (   ).

   ① 갈 텐데　　② 가야지

   ③ 갈걸 그랬네　　④ 갈지 말지 모르겠어

[6~10] 다음 밑줄 친 부분이 **틀린 것**을 고르십시오.

6. (   )

① 수돗물을 틀어 놓은 채로 나온 것 같다.
② 밥도 먹지 않은 채로 출근해서 배가 고프다.
③ 시험이 있어서 공부를 한 채로 시험을 봤다.
④ 그 사람은 모자를 쓴 채로 나에게 인사를 했다.

7. (   )

① 은행에 가 놓고 돈을 찾았다.
② 논문을 쓰려고 책을 빌려 놓았다.
③ 음식을 만들어 놓고 손님을 초대했다.
④ 숙제를 다 해 놓고 친구와 같이 놀았다.

8. (   )

① 회를 못 먹었는데 먹다 보니 좋아졌다.
② 요즘 고민이 많다 보니 잠도 잘 안 온다.
③ 아이를 낳고 보니 엄마의 마음을 알게 됐다.
④ 살고 보니 다양한 사람들을 만나게 될 것이다.

[9~12] 다음 밑줄 친 부분과 비슷한 의미로 바꾸어 쓸 수 있는 것을 고르십시오.

9. (   )

가 : 추운데 왜 외투도 안 입은 채로 나왔어요? 나 : 오늘 날씨가 이렇게 추울 줄 몰랐어요.

① 입고 ② 입어서
③ 입으려고 ④ 입을 텐데

10. (   )

가 : 아이가 자전거를 타고 싶어 하는데 왜 못 타게 해요? 나 : 아이가 다칠까 봐 걱정이 돼서요.

① 다칠수록 ② 다치고 보니
③ 다치다 보니 ④ 다칠 것 같아서

11. (   )

가 : 왜 그렇게 하품을 해요. 잠을 못 잤어요?
나 : 네. 어제 게임을 10분만 <u>한다는 것이</u> 너무 재미있어서 밤을 샜어요.

① 할 텐데도 ② 하고 보니까
③ 하려고 했는데 ④ 할 줄 알았는데

12. (   )

가 : 어? 여기 웬일이세요?
나 : 수업 들으러 왔어요.
가 : 그래요? 미선 씨가 이 수업을 <u>듣는 줄 몰랐어요</u>.

① 들어야지요 ② 듣는 법이에요
③ 들을걸 그랬어요 ④ 안 듣는다고 생각했어요

쓰기

[1~2] 빈 칸에 가장 알맞은 것을 고르십시오.

1. 가 : 학원에 갈 시간이 지났는데 왜 그렇게 앉아 있니? 안 가니?
   나 : (　　　　　). 이것만 보고 갈게요.
   ① 가야지요
   ② 어제 갔거든요
   ③ 늦을까 봐 그래요
   ④ 가지 말걸 그랬어요

2. 가 : 대학에 들어가고 싶은데 나이가 많아서 걱정이에요.
   나 : 용기를 가지세요. (　　　　　).
   ① 배우는 것도 다 때가 있는 법이에요
   ② 배우기에 늦은 나이는 없는 법이에요
   ③ 많이 배운 사람이 고민도 많은 법이에요
   ④ 배워도 인생을 다 알 수는 없는 법이에요

[3~4] 밑줄 친 부분과 같은 의미로 바꾸어 쓴 것을 고르십시오.

3. 가 : 미선 씨 반가워요. 저도 여기에 살아요.
   나 : 지영 씨가 <u>같은 동네에 사는 줄 몰랐어요</u>.
   ① 같은 동네에 살아서 좋아요
   ② 다른 동네 이름을 몰랐어요
   ③ 다른 동네에 산다고 생각했어요
   ④ 같은 동네에 사는 것이 싫었어요

4. 가 : 유학생활은 어때요?

나 : 처음엔 힘들었는데 시간이 지날수록 적응이 되는 것 같아요.

① 처음과 같이 시간이 지나면

② 처음보다 힘들지만 앞으로는

③ 처음의 힘든 시간이 지났기 때문에

④ 처음과 다르게 시간이 지나면서 점점 더

[5~8] 제시된 표현을 순서대로 모두 사용해 한 문장으로 쓰십시오.

5.

아침에 너무 바쁘다 / 운동화를 신고 나오다 / 슬리퍼를 신고 나오다

____

6.

영화표를 예매하다 / 친구를 기다리다 / 커피를 마시다

____

7.

성적이 떨어지다 / 열심히 공부하다 / 시험을 잘 못 보다

____

8.

은행 문을 닫다 / 은행에 가다 / 그냥 돌아오다

____

[9~10] 다음 글을 읽고 (   )에 알맞은 말을 쓰십시오.

9.

결혼은 해도 후회하고 (   )고 합니다. 그러면 해야 할까요, 하지 말아야 할까요? 해보고 후회하는 것이 낫다는 의견이 많습니다. 해보지 못한 것에 대한 후회가 했다가 잘못된 것에 대한 후회보다 훨씬 더 오래 남기 때문입니다. 해본 것들에 대한 후회는 처음에는 아주 괴롭지만 시간이 지날수록 없어집니다. 반면에 해보지 못한 것들에 대한 후회는 오히려 시간이 지날수록 더 깊어집니다.

10.

요즘 사람들은 돈 많은 사람을 부러워하고 부자가 되고 싶어 한다. 돈이 많으면 아무 걱정도 없을 거라고 생각한다. 그러나 그러한 생각과는 다르게 (   ). 우선 있는 돈을 지키기 위해서 신경을 써야 하고, 또 유산을 어떻게 사용할지 고민해서 결정을 해 놓아야 한다. 부자 부모를 가진 자녀들 중 대부분이 부모의 일보다 돈에 더 많은 관심을 갖고 있다고 한다. 일을 이어 받을 생각은 하지 않고 돈을 쓸 생각만 한다는 것이다. 이런 것들은 부자들만의 고민이다. 돈이 많은 문제를 해결해 주기는 하지만 또 그만큼의 문제를 만든다.

듣기

[1~5] 다음을 잘 듣고 물음에 답하십시오.

1. 무엇에 대한 이야기입니까?
   ① 선생님에 대한 예의
   ② 발음 교육의 중요성
   ③ 나이와 높임말의 관계
   ④ 한국어 발음 실수와 오해

2. 들은 내용과 같은 것을 고르십시오.
   ① 선생님의 오해는 나중에 풀렸다.
   ② 여자는 실수 때문에 말을 안 하게 됐다.
   ③ 여자는 선생님의 나이가 많은 줄 알았다.
   ④ 선생님은 여자가 인사를 안 해서 기분이 나빴다.

3. 남자의 생각으로 알맞은 것을 고르십시오.
   ① 실수를 자꾸 하면 실력이 늘지 않는다.
   ② 한국어를 잘하려면 발음이 제일 중요하다.
   ③ 한국어 선생님은 학생들의 실수도 좋아한다.
   ④ 한국어를 잘 하려면 말하기 연습을 많이 해야 한다.

4. 링링 씨는 한국어 선생님께 어떤 인사를 했습니까? 쓰십시오.

____

5. 선생님은 링링 씨의 인사를 어떻게 알아들었습니까? 쓰십시오.

____

읽기

[1~3] 다음을 읽고 물음에 답하십시오.

> 여러분, 실수는 실패의 원인이라고 생각하십니까? 그렇지 않습니다. 실수가 오히려 큰 성공을 만드는 경우도 있습니다.
>
> 한 접착제 회사의 연구실에서 강한 접착제를 만들려고 했지만 실패했습니다. 실수로 재료를 잘못 섞어서 너무 쉽게 떨어지는 접착제를 만들었습니다. 그런데 그 접착제는 요즘 우리가 학교나 사무실에서 아주 많이 사용하는 포스트잇(post-it)이 되었습니다.
>
> 또, 어느 비누회사 직원이 실수로 비누를 너무 오래 끓여서 제품으로 생산하지 못하게 되었습니다. 그런데 그 비누를 집에 가져와서 쓰다가 비누가 물에 뜨는 것을 보고 물에 뜨는 비누를 생산하게 되었고 그 비누는 아주 유명해졌다고 합니다.
>
> 또 있습니다. 안전한 유리를 연구하던 사람이 계속되는 실패로 실망하고 있었는데 그 때 그의 고양이가 실험실을 뛰어다니며 엉망으로 만들었습니다. 그래도 깨지지 않은 실험관이 하나 있었고 이것이 몇 년 전 병속에 넣어 놓은 성분 때문이라는 걸 알게 되어 안전유리를 개발했습니다.
>
> 실수가 많을수록 가능성도 많은 법입니다.

1. 이 글에 나타난 생각으로 알맞지 **않은 것**을 고르십시오.
   ① 실수와 실패를 두려워하지 마라.
   ② 실수와 실패가 발전을 낳을 수도 있다.
   ③ 실수를 잘 이용하면 성공의 기회가 된다.
   ④ 실수가 계속되면 항상 좋은 일이 생기는 법이다.

2. 위 글의 내용과 같은 것을 고르십시오.
   ① 연구원의 고양이가 안전유리를 만들었다.
   ② 물에 뜨는 비누는 끝까지 제품으로 나오지 않았다.
   ③ 쉽게 떨어지는 접착제로 포스트잇을 만들게 되었다.
   ④ 접착제 회사에서는 포스트잇을 만들려고 많은 노력을 했다.

3. 위 글에서 실수나 실패 때문에 발명된 것이 **아닌 것**을 고르십시오.
   ① 접착제 ② 안전유리
   ③ 포스트잇 ④ 물에 뜨는 비누

| 쉽게 말하는 한국어 3 활용 |

5과 건강과 생활

01. 삼계탕이야말로 여름철 건강식 중에 최고예요.

02. 건강해진다면 그 정도 노력은 해야겠죠.

03. 아침을 안 먹다가는 건강이 나빠질 거예요.

04. 건강해진 걸 보니까 채식이 몸에 좋은가 봐요.

05. 복습

01 삼계탕이야말로 여름철 건강식 중에 최고예요.

문법(1)

▲ ~(이)야말로

1. 다음 대화를 완성하십시오.

1) 가 : 지금 가장 갖고 싶은 물건이 뭐예요?
   나 : 노트북이야말로 지금 저에게 가장 필요한 물건입니다.

2) 가 : 어떤 가수가 요즘 유명해요?
   나 : 많은 가수가 있지만 ____________________ 요즘 가장 인기가 많은 가수예요.

3) 가 : 옷을 좀 사야겠어요. 어디로 가면 좋을까요?
   나 : ___________(으)로 가세요. ____________________ 값이 싸고 물건도 많아서 옷을 사기에 제일 좋은 곳이에요.

4) 가 : 날씨가 추워요. 따뜻한 국물이 있는 음식이 먹고 싶어요.
   나 : ____________을/를 먹으러 갑시다. ____________________ 날씨가 추울 때 먹기 좋은 음식이지요.

5) 가 : 인생에서 가장 중요한 것은 무엇일까요?
   나 : ____________________ 인생에서 제일 중요한 것이라고 생각해요.

2. 다음 표를 보고 대화를 완성하십시오.

1)

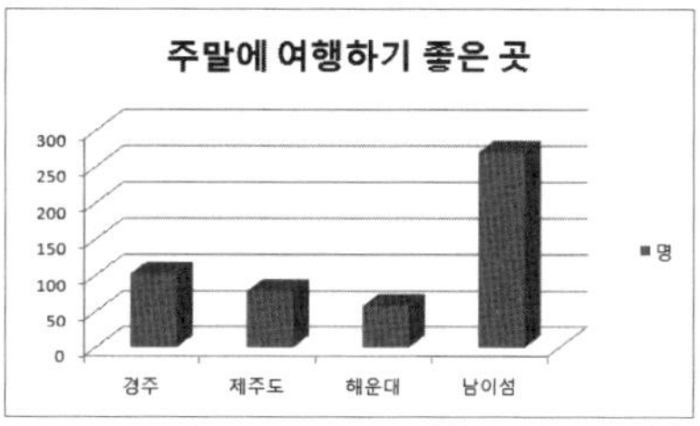

가 : 이번 주말에 친구와 함께 여행을 가려고 하는데 어디로 가면 좋을지 모르겠어.

나 : <u>남이섬으로</u> 가. <u>남이섬이야말로 주말에 여행하기 가장 좋은 곳이지</u>.

2)

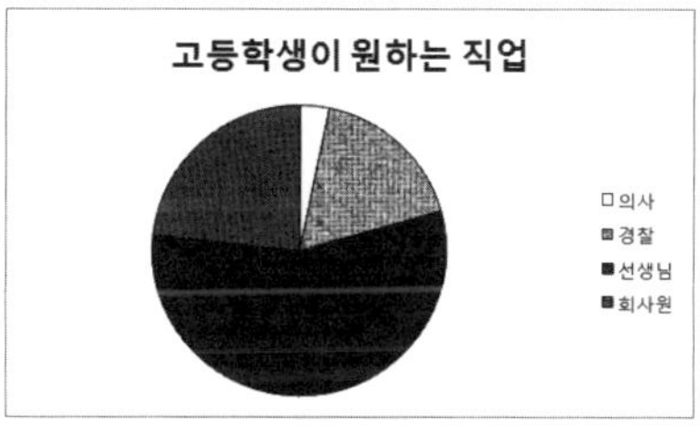

가 : 최근 고등학생들이 가장 갖고 싶어하는 직업이 무엇인지 알아?

나 : 신문에서 봤는데 ______________

______________________________.

3)

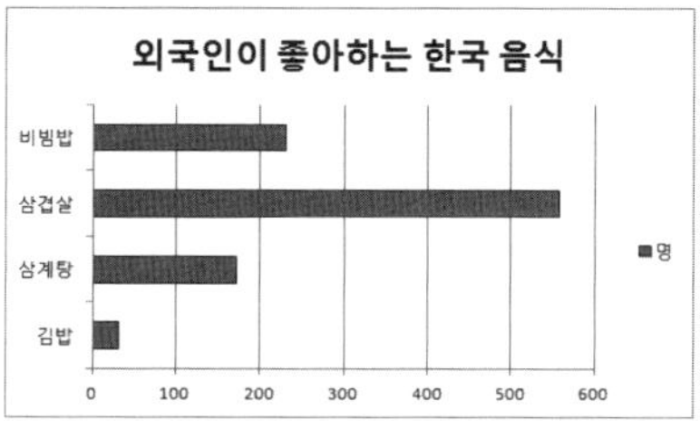

가 : 내일 미국에서 온 친구와 점심을 먹으려고 하는데 무슨 음식을 먹으면 좋을까?

나 : __________을/를 먹어. __________

______________________________.

4)

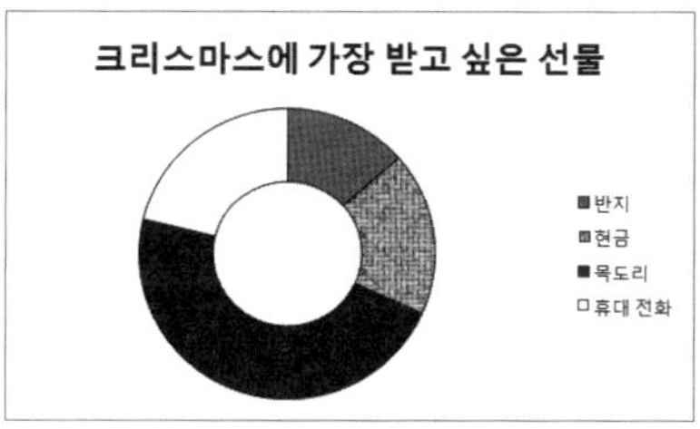

가 : 이번 크리스마스에 남자 친구에게 무엇을 선물하면 좋을까?

나 : ____________을/를 사.

______________________________.

3. 다음 표를 채우고 문장을 완성하십시오.

	종류	친구 이름
1	우리 반에서 춤을 가장 잘 추는 학생	
2	우리 반에서 노래를 가장 잘 부르는 학생	
3	우리 반에서 성격이 제일 좋은 학생	
4	우리 반에서 인기가 제일 많은 학생	
5		

1) ______________ 씨야말로 우리 반에서 춤을 가장 잘 추는 학생이에요.

2) ____.

3) ____.

4) ____.

5) ____.

문법(2)

▲ -고 나니(까)

1. 다음 밑줄 친 곳에 들어갈 알맞은 말을 쓰십시오.

읽다	야단을 맞다	
운동을 하다	세차를 하다	청소를 하다

1) 오랜만에 청소를 하고 나니 기분이 좋아졌어요.

2) 열심히 ________________ 땀이 많이 나서 옷이 다 젖었어요.

3) 선생님께 ________________ 기분이 좋지 않았어요.

4) 책을 ________________ 열 두시였어요.

5) 차가 더러워서 ________________ 비가 왔어요.

2. 다음 대화를 완성하십시오.

1) 가 : 승준이는 많이 나았어요?
   나 : 많이 아팠는데 자고 나니 좋아졌어요.
   가 : 아들이 아프니까 걱정이 많이 되지요?
   나 : 네. 몰랐는데 부모가 __________ 알겠네요.

2) 가 : 오늘 기분이 좋아 보여요. 무슨 일이 있었어요?
   나 : 어려운 문제를 __________ 기분이 좋아졌어요.
   가 : 어떻게 그 문제를 풀었어요?
   나 : 선생님의 설명을 __________ 이해가 되었어요.

3) 가 : 왜 이렇게 밥을 못 먹어요?
   나 : 여자 친구와 __________ 너무 슬퍼서 밥도 잘 먹지 못하겠어요.
   가 : 그래요? 저도 그랬는데 시간이 __________ 괜찮아졌어요. 힘내세요.

4) 가 : 어제 눈이 오는 것을 봤어요?
   나 : 네. 고향에 가는 비행기를 __________ 눈이 왔어요. 정말 예뻤어요.
   가 : 같이 봤으면 좋았을 텐데. 마리 씨가 고향에 __________ 너무 외로워요. 빨리 돌아오세요.

문법(3)

▲ -(으)ㄹ 정도

1. 다음을 연결하고 문장을 완성하십시오.

1	땀이 나다 •	• 눈이 나빠지다
2	모르는 사람이 없다 •	• 성형 수술을 많이 하다
3	한 문제도 못 풀다 •	• 긴장을 하다
4	안경을 쓰다 •	• 유명하다
5	알아보지 못하다 •	• 시험 문제가 어렵다

1) 땀이 날 정도로 긴장했어요.

2) ______________________________.

3) ______________________________.

4) ______________________________.

5) ______________________________.

2. 다음 대화를 완성하십시오.

1) 가 : 오늘 본 영화는 재미있었어요?
   나 : 아니요. 잠이 올 정도로 재미가 없었어요.

2) 가 : 민수 씨가 안 왔네요.
   나 : 네. ______________ 바쁜 것 같아요.

3) 가 : 술을 많이 마셨어요?
   나 : 네. ______________________ 많이 마셨어요.

4) 가 : 장위 씨 어제 왜 학교에 안 왔어요?
   나 : 학교에 ____________________ 아팠어요.

5) 가 : 그 책은 재미있어요?
   나 : 네. 정말 재미있어서 ______________________.

6) 가 : 바이멍 씨는 돈이 많은 것 같아요.
   나 : 네. ______________________________.

3. 다음 밑줄 친 곳에 들어갈 알맞은 말을 쓰십시오.

입에 침이 마르다	누가 업어 가도 모르다	눈이 빠지다
눈물이 나다	둘이 먹다가 하나가 죽어도 모르다	

1) 누가 업어 가도 모를 정도로 잠을 깊이 자요.

2) ______________________________ 오래 기다렸어요.

3) ______________________________ 기뻐했어요.

4) ______________________________ 맛이 있어요.

5) ______________________________ 칭찬을 했어요.

어휘

1. 다음 밑줄 친 곳에 들어갈 알맞은 말을 쓰십시오.

팥죽	콩국수	봄나물	동치미	삼계탕

가 : 한국에는 어떤 제철 음식이 있어요?

나 : 봄에는 딸기나 토마토 같은 과일을 먹어요. 그리고 냉이와 쑥 같은 1) ____________은/는 입맛을 돋우는데 좋다고 해요.

가 : 그렇군요. 더운 여름에는 어떤 음식을 많이 먹어요?

나 : 여름에는 콩으로 만든 시원한 2) ____________(이)나 수박, 포도, 참외 같은 과일을 많이 먹어요. 특히 더운 날에는 닭고기에 인삼과 대추 등을 넣고 끓인 3) ____________이/가 인기가 많아요.

가 : 가을에는 햇곡식과 햇과일이 나오지요?

나 : 네. 맞아요. 가을에는 햇곡식과 햇과일을 수확해요. 햇과일과 햇곡식은 영양이 풍부하다고 해요.

가 : 그럼, 추운 겨울에도 제철 음식이 있어요?

나 : 그럼요. 겨울에는 무와 배, 고추를 넣어서 4) ____________을/를 만들거나 팥을 끓여서 5) ____________을/를 만들어 먹어요. 아노트 씨도 한번 먹어보세요. 맛있을 거예요.

02 건강해진다면 그 정도 노력은 해야겠죠.

문법(1)

▲ -는/(으)ㄴ 만큼

1. 다음 대화를 완성하십시오.

고생하다	일하다	쉬다	많다	비싸다	최선을 다하다

1) 가 : 민수 씨, 얼마 전에 좋은 회사에 취직을 했다고 들었어요. 월급은 많이 받아요?
   나 : 아니요. 그냥 일하는 만큼 받아요.

2) 가 : 요즘 고민이 많아서 힘들었는데 할아버지와 상담하고 나서 고민이 없어졌어요.
   나 : 어른들은 나이가 ____________________ 경험도 많잖아요.

3) 가 : 요즘 휴대 전화가 너무 비싼 것 같아요.
   나 : 맞아요. 하지만 ____________________ 기능도 많고 더 좋아졌어요.

4) 가 : 방학 때 공부를 전혀 하지 않았더니 쉬운 문제도 풀지 못하겠어요.
   나 : 공부를 하지 않고 ____________________ 더 열심히 해야지요.

5) 가 : 선생님, 유학생활이 너무 힘들어요.
   나 : 지금은 힘들지만 ____________________ 좋은 경험이 될 거예요.

6) 가 : 오늘 시합에서 이길 수 있을까요?
   나 : 지금까지 ____________________ 좋은 결과가 있을 거예요.

2. 다음 대화를 완성하십시오.

생각하다	화장실에 갈 시간이 없다	머리가 아프다	자다가도 일어나다

1) 가 : 바이멍 씨가 한국어를 잘 한다고 들었어요.
나 : 네. 바이멍 씨를 한국 사람이라고 생각할 만큼 한국어를 잘 해요.

2) 가 : 제민 씨, 시험공부는 많이 했어요?
나 : 네. ______________________ 많이 했어요.

3) 가 : 오늘은 많이 바빠 보여요.
나 : 요즘 ______________________ 일이 많아요.

4) 가 : 주현 씨는 축구를 매우 좋아한다고 들었어요.
나 : 맞아요. 축구라고 하면 ______________________ 좋아해요.

3. 다음 밑줄 친 곳에 들어갈 알맞은 말을 쓰십시오.

바다	쥐꼬리	산더미	하늘, 땅

1) 하늘만큼 땅만큼 너를 사랑해.

2) 내 남자 친구는 마음이 ____________ 넓어요.

3) 이 회사는 일을 많이 시키지만 월급은 ________ 줘요.

4) 요즘 바빠서 빨래를 안 했더니 빨래해야 할 옷들이 ________ 쌓였어요.

※ ~만큼 -(으)ㄴ/는 ~도 없다.

1. 다음 문장을 바꿔 보십시오.

1) 엄마는 나를 누구보다 더 많이 사랑해요.

→ 엄마만큼 나를 사랑하는 사람도 없어요.

2) 아노트 씨는 인기가 가장 많은 사람이에요.

→ ____________만큼 ____________________도 없어요.

3) 동대문 시장은 다른 시장 보다 물건의 값이 매우 싸요.

→ ____________만큼 ____________________도 없어요.

4) 아프리카는 지구에서 가장 더운 곳이에요.

→ ____.

5) 한국에서 제주도의 경치가 가장 아름다워요.

→ ____.

6) _______ 씨는 우리 반에서 키가 제일 커요.

→ ____.

문법(2)

▲ -(는/ㄴ)다면

1. 다음을 연결하고 문장을 완성하십시오.

1) 지금 학교에 가다.	•	• 숙제를 내지 않다.
2) 내가 돈이 많다.	•	• 교실에 선생님이 계시다.
3) 네가 사과하지 않다.	•	• 일찍 일어날 것이다.
4) 내가 선생님이다.	•	• 가난한 사람들을 돕다.
5) 일찍 잠을 자다.	•	• 너와 이야기도 하지 않겠다.

1) 지금 학교에 간다면 교실에 선생님이 계실 거예요.

2) ______________________________.

3) ______________________________.

4) ______________________________.

5) ______________________________.

2. 다음 대화를 '-았/-겠다면'을 사용하여 완성하십시오.

1) 가 : 요즘 사람들은 모두 키가 큰 것 같아요.
나 : 맞아요. 저도 키가 좀 더 컸다면 좋았을 텐데.

2) 가 : 어제 사고가 나서 도로가 많이 막혔다고 해요.
나 : 그래요? 만약에 버스를 __________ 학교에 많이 늦었겠네요.

3) 가 : 시험을 잘 볼 수 있을지 모르겠어요.
나 : 공부를 열심히 __________ 시험을 잘 볼 수 있을 거예요.

4) 가 : 중국어를 배워야 하는데 시간이 없어서 배우지 못하고 있어요.
나 : 그래요? 마리 씨가 __________ 제가 도와줄게요.

5) 가 : 이번 문화 체험에 안 가려고 해.
나 : 만약 네가 __________ 나도 가지 않을 거야.

6) 가 : 지금 사는 집에 학교에서 멀어서 학교 가까운 곳으로 이사를 하고 싶어.
나 : 네가 이사를 __________ 내가 좋은 집을 소개해 줄게.

3. 다음 대화를 완성하십시오.

1) 가 : 결혼을 한다면 신혼여행으로 어디에 가고 싶어요?
   나 : 제가 결혼을 한다면 신혼여행은 몰디브로 가고 싶어요.

2) 가 : 만약 이 세상에 휴대 전화가 없다면 어떻게 될까요?
   나 : ______________________________.

3) 가 : 만약 오늘 방학을 한다면 무엇을 하고 싶어요?
   나 : ______________________________.

4) 가 : 돈이 1,000억이 있다면 제일 먼저 무엇을 하고 싶어요?
   나 : ______________________________.

5) 가 : 만약 대통령이 된다면 무엇을 하고 싶어요?
   나 : ______________________________.

문법(3)

▲ -기 위해서

1. 다음 문장을 아래와 같이 바꿔 보십시오.

	목적	행동
1	한국어를 배우려고 한다.	한국으로 유학을 오다.
2	여자 친구에게 목걸이를 사 주려고 한다.	아르바이트를 시작하다.
3	친구를 많이 사귀려고 한다.	동아리에 가입하다.
4	한국 문화를 알려고 한다.	'한국 문화의 이해' 를 듣다.
5	소포를 보내려고 한다.	우체국에 가다.
6	약혼녀에게 청혼하려고 한다.	반지를 사 놓다.

1) 한국어를 배우기 위해서 한국으로 유학을 왔어요.
2) ______________________________.
3) ______________________________.
4) ______________________________.
5) ______________________________.
6) ______________________________.

2. 다음 밑줄 친 곳에 들어갈 알맞은 말을 쓰십시오.

건강(을 지키다)	나라(를 지키다)	시민(을 보호하다)
꿈(을 이루다)	이웃(을 돕다)	

1) 경찰은 시민을 위해서 열심히 노력하고 있어요.
   경찰은 시민을 보호하기 위해서 열심히 노력하고 있어요.
2) 군인은 __________을/를 위해서 싸워요.
   군인은 ____________________ 싸워요.
3) 아버지는 __________을/를 위해서 담배를 끊었어요.
   아버지는 ____________________ 담배를 끊었어요.
4) __________을/를 위해서 열심히 공부하는 사람도 많아요.
   ____________________ 열심히 공부하는 사람도 많아요.
5) __________을/를 위해서 자원 봉사를 하는 사람이 많아졌어요.
   ____________________ 자원 봉사를 하는 사람이 많아졌어요.

3. 다음 대화를 완성하십시오.

사다	홍보하다	적응하다	입학하다	보호하다

1) 가 : 분리수거하는 게 너무 귀찮아. 그냥 한꺼번에 버려야겠어.
   나 : 귀찮아도 환경을 보호하기 위해서 분리수거를 해야 해요.

2) 가 : 갑자기 공연 연습 사진은 왜 찍어요?
   나 : 동아리를 ____________________ 포스터를 만들려고요.

3) 가 : 회사를 그만 두었다고 들었어요.
   나 : 회사에 ____________________ 많은 노력을 했지만 일이 저에게 잘 맞지 않는 것 같아서요.

4) 가 : 새로 이사한 집이 참 좋네요.
   나 : 이 집을 ______________ 10년 동안 돈을 모았어요.

5) 가 : 아노트 씨 오랜만이에요. 어떻게 지냈어요?
   나 : 요즘 대학교에 ______________ 한국어능력시험 공부를 하고 있어요. 마리 씨는요?

어휘

1. 다음에 들어갈 알맞은 말을 쓰십시오.

비만	다이어트	식이요법	고혈압

1)	혈압이 높은 상태를 말해요. 운동을 하지 않아서 뚱뚱해진 사람이나 음식을 짜게 먹는 사람에게 생기기 쉬워요.	
2)	몸에 지방이 많은 상태를 말해요. 다른 병의 원인이 되기 때문에 운동을 해야 해요.	
3)	이것을 하기 위해서 사람들은 밥을 적게 먹거나 운동을 해요.	
4)	건강을 위해서 음식을 조절하는 것이에요. 병을 고치려고 하는 사람도 있고 병에 걸리지 않으려고 하는 사람도 있어요.	

2. 다음 밑줄 친 곳에 들어갈 알맞은 말을 쓰십시오.

식습관	빼다	요요현상	체지방

가 : 다이어트를 한다고 하지 않았어요?

나 : 네. 살을 1)____________ 다이어트를 했지만 2)____________ 때문에 다시 살이 쪘어요.

가 : 밤에 음식을 많이 먹는 3)____________을/를 바꿔야 해요. 또 계속 운동을 하지 않으면 다이어트를 해도 살이 빠지지 않을 거예요.

나 : 어떤 운동을 하면 좋을까요?

가 : 하루에 한 시간씩 걸어 보세요. 4)____________이/가 많이 줄어들 거예요.

03 아침을 안 먹다가는 건강이 나빠질 거예요.

문법(1)

▲ -다가는

1. 다음 문장을 완성하십시오.

1) TV를 계속 가까이에서 보다가는 <u>눈이 나빠질 거예요</u>.

2) 밥을 계속 먹지 않다가는 ______________________.

3) 그렇게 계속 술을 마시다가는 ______________________.

4) ______________________ 시험에 떨어질지도 몰라요.

5) ______________________ 휴대 전화 요금이 많이 나올 거예요.

6) ______________________ 여자 친구가 화를 낼지도 몰라요.

2. 다음 대화를 완성하십시오.

1) 가 : 숙제는 다 했어요?
   나 : 아니요. 어젯밤에 숙제를 하다가는 <u>잠이 들었어요</u>.
   가 : 그렇게 계속 숙제를 안 하다가는 <u>선생님이 화를 낼 거예요</u>.

2) 가 : 추워 보여요.
   나 : 네. 오늘 날씨가 이렇게 추울 줄 몰랐어요.
   가 : 오후가 되니까 날씨가 따뜻하다가는 ______________________.
   나 : 이렇게 계속 날씨가 춥다가는 ______________________.

3) 가 : 가게에 손님이 많아요?
   나 : 조금 전까지는 손님이 많아서 바쁘다가는 다시 ______________.
   가 : 좋겠어요. 우리 가게는 손님이 너무 없어요.
   이렇게 손님이 없다가는 ______________________.

4) 가 : 점심은 먹었어요?
   나 : 아니요. 조금 먹다가는 ______________________.
   한국 음식은 고향 음식과 달라서 잘 못 먹겠어요.
   가 : 그렇게 계속 음식을 안 먹다가는 ______________________.

문법(2)

▲ –잖아요.

1. 다음 대화를 완성하십시오.

1) 가 : 여자 친구가 그렇게 좋아요?
나 : 얼굴도 예쁘고 성격도 좋잖아요.

2) 가 : 어제 마트에 갔는데 사람이 너무 많았어요.
나 : ________________________.

3) 가 : 케이크를 사려고요? 무슨 날이에요?
나 : ________________________.

4) 가 : 주말인데 학교에 가요?
나 : ________________________. 유명한 가수들이 많이 온다고 해요.

5) 가 : 아주 날씬해졌네요. 다이어트해요?
나 : ________________________. 날마다 3시간씩 달리기를 해요.

6) 가 : 왜 이렇게 딸기를 많이 사 왔어요?
나 : 우리 민규가 ________________________. 그래서 많이 샀어요.

7) 가 : 빵이 정말 맛있을 것 같아. 한 개씩 먹을까?
나 : 우리 방금 전에 밥을 ________________________. 배 안 불러요?

2. 다음 표를 보고 대화를 완성하십시오.

질문	마리	제민
가고 싶은 곳	박물관 – 한국 문화에 대해 알 수 있다.	놀이공원 – 친구들과 놀기 좋다.
점심	도시락 – 비용이 적게 든다.	식당 – 편하고 맛이 있다.
교통편	기차 – 빠르고 편하다.	버스 – 놀이 공원에 가는 버스가 자주 있다.

반장 : 다음 주 금요일에 소풍을 가려고 합니다. 어디로 가면 좋을까요?

마리 : 박물관에 가면 좋겠어요. 1) <u>한국문화에 대해 알 수 있잖아요</u>.

제민 : 제 생각에는 놀이 공원이 좋을 것 같아요. 2) ____________________.

반장 : 지난 학기에 박물관에 갔으니까 이번에는 놀이 공원으로 갑시다. 점심은 어떻게 할까요?

제민 : 식당에서 사 먹읍시다. 3) ____________________.

마리 : 식당에서 먹는 것도 좋지만 도시락을 준비해서 가는 것이 더 좋을 것 같아요. 4) ____________________.

반장 : 그래요. 그럼 도시락을 준비해서 갑시다. 무엇을 타고 가면 좋을까요?

마리 : 기차가 좋지 않을까요? 5) ____________________.

제민 : 기차도 괜찮지만 저는 버스가 더 좋을 것 같아요. 6) ________________.

문법(3)

▲ -(으)ㄴ/는 반면에

1. 다음 밑줄 친 곳에 들어갈 알맞은 말을 쓰십시오.

읽다	작다	힘들다	빠르다	좋아하다

1) 식구들은 키가 <u>작은 반면에</u> 저는 키가 커요.
2) 그 사람은 말은 ______________ 행동은 너무 느려요.
3) 아버지는 고기를 ______________ 어머니는 채소를 좋아하신다.
4) 동생은 만화책을 많이 ______________ 형은 소설책을 많이 읽어요.
5) 우리 회사는 일이 ______________ 월급은 많이 줘요.

2. 다음 표를 보고 대화를 완성하십시오.

조건		중문 식당	청주 식당
1)	거리	멀다.	가깝다.
2)	서비스	친절하다.	친절하지 않다.
3)	손님	유명해서 손님이 많다. → 오랫동안 기다려야 한다.	유명하지 않아서 손님이 적다. → 기다리지 않아도 된다.
4)	가격	불고기 1인분 : 20,000	불고기 1인분 : 15,000
5)	주차비	무료	유료

가 : 우리 점심 때 불고기를 먹으러 갈까요?
나 : 좋아요. 우리 중문 식당으로 갑시다.
가 : 중문 식당 보다 청주 식당이 낫지 않아요? 1) 중문 식당은 거리가 먼 반면에 청주 식당은 거리가 <u>가까워요</u>.
나 : 하지만 2) 중문 식당은 주인이 ______________ 청주 식당은 ______________. 또 중문 식당은 유명한 반면에 청주 식당은 유명하지 않잖아요.
가 : 맞아요. 그래서 3) 중문 식당에서 밥을 먹으려면 ______________ 반면에 청주 식당은 ______________.
또 4) 중문식당은 ______________.
나 : 그렇지만 5) 중문 식당은 주차비가 ______________.

어휘

1. 다음에 들어갈 알맞은 말을 쓰십시오.

인스턴트식품 패스트푸드 슬로푸드	통조림 김치 피자 감자튀김 냉동만두 햄버거 컵라면 치즈 도넛 된장 프라이드치킨 와인

종 류	음식 이름
1) 식당에서 주문을 하면 간단하게 요리를 해서 나오는 음식이에요. 요리를 하는 시간이 짧아서 음식이 빨리 나와요.( )	
2) 쉽게 요리를 할 수 있고 오랫동안 보관할 수 있는 음식이에요. ( )	
3) 음식을 만들거나 먹는 과정에 시간이 많이 걸리는 음식이에요. ( )	

04 건강해진 걸 보니까 채식이 몸에 좋은가 봐요.

문법(1)

▲ -나 보다 / -(으)ㄴ가 보다.

1. 다음 그림을 보고 문장을 완성하세요.

1) 

두 사람이 친한가 봐요.

2) 

____

3) 

____

4) 

____

5) 

____

2. 다음 문장을 완성하십시오.

1) 마리 씨가 전화를 받지 않아요.
→ 마리 씨는 지금 바쁜가 봐요.

2) 영화를 보다가 소리를 질렀어요.
→ ____________________.

3) 제민 씨는 점심을 먹지 않겠다고 했어요.
→ ____________________.

4) 바이멍 씨는 어젯밤에 늦게까지 공부를 했어요.
→ ____________________.

5) 학교에 사람들이 없어요.
→ ____________________.

6) 이번 시험에 많은 학생들이 합격을 하지 못 했어요.
→ ____________________.

7) 미카엘 씨는 매일 술을 마셔요.
→ ____________________.

8) 제민 씨가 땀을 많이 흘리네요.
→ ____________________.

9) 교실에 민수 씨의 가방이 없어요.
→ ____________________.

10) 아이가 집에 들어오자마자 잠을 자요.
→ ____________________.

문법(2)

▲ -는/(으)ㄴ 걸 보니(까)

1. 다음을 연결하고 문장을 완성하십시오.

1) 시험 성적이 좋다.		• 세일을 하다
2) 병원에 가다		• 걱정이 있다
3) 백화점에 사람이 많다		• 공부를 열심히 하다
4) 밤에 잠을 잘 못 자다		• 바쁘다
5) 전화를 받지 않다.		• 아프다

1) 시험 성적이 좋은 걸 보니까 공부를 열심히 했나 봐요.

2) ____________________

3) ____________________

4) ____________________

5) ____________________

2. 다음 문장을 완성하십시오.

1) 학교에 사람이 많은 걸 보니까 행사가 있나 봐요.
2) 마리 씨가 ____________ 남자 친구와 헤어졌나 봐요.
3) 교복을 ____________ 학생인 것 같아요.
4) 교실이 ____________ 쉬는 시간인가 봐요.
5) 장학금을 ____________ 공부를 열심히 했나 봐요.
6) ____________ 휴대 전화가 고장이 난 것 같아요.
7) ____________ 인기가 많은가 봐요.
8) ____________ 두 사람은 지금 사귀고 있나 봐요.

문법(3)

▲ 얼마나 -는/(으)ㄴ지

1. 다음 대화를 완성하십시오.

1) 가 : 이 영화가 무서웠어요?
   나 : 네. 얼마나 무서운지 눈을 뜰 수가 없었어요.

2) 가 : 왜 밥을 안 먹어요?
   나 : ____________________ 밥 먹을 시간도 없어요.

3) 가 : 출근 시간에는 사람이 정말 많군요.
   나 : 네. 사람들이 버스에 ____________________ 제대로 서 있기도 힘들었어요.

4) 가 : 시험은 잘 봤어요?
   나 : 아니요. 시험이 __________________ 한 문제도 못 풀 정도였어요.

5) 가 : 어제 청주에 눈이 많이 왔지요?
   나 : 네. ____________________ 학교에 못 갈 정도였어요.

6) 가 : 회식은 잘 했어요? 사장님이 맛있는 음식을 많이 사 주셨어요?
   나 : 그럼요. 사장님이 음식을 __________________ 다 먹지 못 했어요.

7) 가 : 피곤해서 일찍 잔다고 하더니 많이 잤어요?
   나 : 네. ____________________ 허리가 아플 정도예요.

2. 다음 밑줄 친 곳에 들어갈 알맞은 말을 쓰십시오.

맵다	어렵다	친절하다
힘들다	멀다	보고 싶다

반장 : 한국 유학 생활에 대해 이야기해 볼까요? 어떤 것이 가장 힘들었어요?

마리 : 처음 한국에 왔을 때는 한국 음식을 잘 먹지 못했어요. 특히 김치가 1) 얼마나 매운지 물을 다섯 컵이나 마셨어요. 그래서 고향 음식을 파는 식당에 자주 갔는데 집에서 식당까지 2)_______________ 걸어서 1시간이나 걸렸어요.

즈엔 : 유학 생활이 3)_______________ 고향으로 다시 돌아가고 싶었어요. 특히 한국어 공부가 제일 어려웠어요. 시험은 4)_______________ 아는 문제가 하나도 없었어요.

밍밍 : 처음 한국에 왔을 때 부모님이 5)_______________ 많이 울었어요. 혼자 생활하는 것이 얼마나 무섭고 힘들었는지 몰라요. 하지만 지금은 괜찮아요. 한국 사람들이 6)_______________ 어려운 일이 있을 때마다 잘 도와줬어요. 한국 친구도 많이 사귀었고요.

어휘

1. 다음 (　　)에 들어갈 알맞은 말을 쓰십시오.

간식	야식	소식	편식	채식	폭식

1) 한꺼번에 많은 음식을 먹어요. (　　　　　)
2) 건강을 위해서 음식을 적게 먹어요. (　　　　　)
3) 많은 음식들 중에서 좋아하는 음식만 먹어요. (　　　　　)
4) 밤늦게 배가 고파서 음식을 만들거나 주문해요. (　　　　　)
5) 식사를 할 때 고기를 먹지 않고 야채나 과일을 먹어요. (　　　　　)
6) 아침에 밥을 먹었지만 점심을 먹기 전에 간단한 음식을 또 먹었어요. (　　　　　)

2. 다음 밑줄 친 곳에 들어갈 알맞은 말을 쓰십시오.

불면증	군것질	수면 부족	과로하다

마리 : 제민 씨, 식사는 하셨어요?

제민 : 아니요. 과자를 많이 먹어서 배가 안 고파요.

마리 : 1)________________을/를 많이 했군요?

제민 : 네. 그런데 요즘 무슨 일 있어요? 무척 피곤해 보여요.

마리 : 잠을 잘 못 자서 그래요. 다음 주에 시험이 있어서 며칠 동안 밤늦게까지 공부를 했거든요.

제민 : 그렇게 2)____________________다가는 병이 날 거예요. 조심하세요. 그리고 3)__________________은/는 기억력을 나빠지게 해서 공부에 도움이 안 된다고 해요. 그렇게 계속 잠을 자지 않으면 4)_________에 걸릴 수도 있어요.

05 복습

어휘

[1~7] 다음 (　)에 알맞은 것을 고르십시오.

1. 날씬해도 (　　)이/가 많은 사람들은 고혈압과 같은 성인병에 걸릴 위험이 높다.
   ① 영양　② 비만　③ 체지방　④ 식사량

2. (　　)은/는 오랫동안 보관할 수 있고 요리하기도 쉬워서 편리해요.
   ① 패스트푸드　② 슬로푸드　③ 건강식품　④ 인스턴트식품

3. 한 번에 많이 먹는 (　　)은/는 몸에 좋지 않습니다.
   ① 폭식　② 편식　③ 야식　④ 간식

4. 가을이 되면 농부들이 햇곡식과 햇과일을 (　　).
   ① 수거해요　② 정리해요　③ 수확해요　④ 확인해요

5. 영양이 풍부한 음식은 삼복의 더위를 (　　) 수 있게 도움을 줘요.
   ① 탈　② 먹을　③ 지킬　④ 이길

6. 봄나물은 입맛을 (　　) 좋습니다.
   ① 내기에　② 돋우기에　③ 감추기에　④ 늘이기에

7. 다이어트를 한 후에 음식조절을 하지 않으면 살이 다시 찌는 (　　)이/가 올 수 있어요.
   ① 비만　② 불면증　③ 요요현상　④ 영양실조

[8~10] 다음 밑줄 친 부분과 의미가 **반대인 것**을 고르십시오.

8. 요즘 건강을 위해서 <u>소식</u>을 하는 사람들이 늘어나고 있다.
   ① 과식　② 육식　③ 채식　④ 야식

9. 한국어능력시험 때문에 걱정을 많이 했더니 스트레스가 <u>쌓였어요.</u>
   ① 났어요　② 생겼어요　③ 풀렸어요　④ 늘어났어요

10. 점심을 너무 많이 <u>먹어서</u> 배가 터질 정도예요.
   ① 굶어서　② 빠뜨려서　③ 잃어버려서　④ 잊어버려서

문법

[1~3] 다음 (   )에 알맞은 것을 고르십시오.

1. 가 : 오늘 날씨가 춥지 않아요?
   나 : 네. 비가 (   ) 추워졌어요.
   ① 오려고 ② 올 까봐 ③ 오고 나니까 ④ 오기는 하지만

2. 가 : 제민 씨는 오늘 안 왔네요?
   나 : 네. 전화를 안 받는 걸 보니까 (   ).
   ① 바쁘네요 ② 바쁘잖아요 ③ 바쁜가 봐요 ④ 바쁠 줄 알았어요.

3. 가 : 내일 소풍을 갈 수 있을까요?
   나 : 내일 오전까지 날씨가 (   ) 오후부터 흐려진다고 해요.
   ① 맑아서 ② 맑다가는 ③ 맑기 때문에 ④ 맑을 테니까

[4~5] 다음 (   )에 알맞지 **않은 것**을 고르십시오.

4. 가 : 저 식당은 음식 값이 너무 비싼 것 같아요.
   나 : 음식 값이 (   ) 음식이 맛있고 서비스가 좋잖아요.
   ① 비싸지만 ② 비싼 반면에 ③ 비싸기는 하지만 ④ 비쌀 뿐만 아니라

5. 가 : 어제 집에 (   ) 비가 왔어요.
   나 : 우산도 없었을 텐데 다행이네요.
   ① 온 후에 ② 오자마자 ③ 오다 보니 ④ 오고 나니

[6~7] 다음 밑줄 친 부분과 바꿔 쓸 수 있는 것을 고르십시오.

6. 가 : 담배를 피우고 올게요.
   나 : 또 담배를 피워요? 계속 담배를 <u>피우다가는</u> 건강이 나빠질 거예요.
   ① 피우려면 ② 피운다면 ③ 피우다 보니 ④ 피우기는 하지만

7. 가 : 영화가 재미있었지요?
   나 : 네. 너무 재미있어서 배꼽이 빠질 정도로 웃었어요.
   ① 빠질 때 ② 빠질 까봐 ③ 빠질 만큼 ④ 빠질 뿐만 아니라

[8~10] 다음 밑줄 친 부분이 맞는 것을 고르십시오.

8. ① 음식이 조금밖에 남지 않았어요.
   ② 나는 참 바보만큼 살았군요.
   ③ 나는 열심히 일을 하시는 아버지야말로 존경한다.
   ④ 비빔밥에다가 한국을 대표하는 음식이라고 할 수 있어요.

9. ① 책을 읽었고 나니까 새벽이었어요.
   ② 지금 교실에 간다면 선생님이 계실 거예요.
   ③ 밥을 안 먹었는걸 보니까 배고프지 않나 봐요.
   ④ 선배들은 경험이 많았을 만큼 아는 것도 많아요.

10. ① 옷을 입어 보니 클 거예요.
    ② 일을 마치고 나니 열두 시였어요.
    ③ 계속 잠만 자는 걸 보니 많이 피곤해요.
    ④ 국제 전화를 자주하다 보니 통화료가 비쌀 텐데요.

쓰기

[1~3] 다음 밑줄 친 부분에 가장 알맞은 것을 고르십시오.

1. 가 : 살이 많이 빠졌네요. 다이어트는 힘들지 않았어요?
   나 : 배가 고픈데다가 기운이 없어서 ______________________.
   ① 굶어야지요
   ② 힘든 줄 몰랐어요
   ③ 쓰러질 정도였어요
   ④ 살이 빠지는 법이에요

2. 가 : 일이 너무 많아서 밥을 먹을 시간이 없어요.
   나 : ______________________ 밥을 먹어야지요.
   ① 할 일이 많을수록
   ② 일이 많다고 하더니
   ③ 일을 하는 시간에 비해서
   ④ 그렇게 일이 많아 가지고

3. 가 : 수진 씨, 왜 며칠 동안 학교에 안 왔어요?
   나 : ______________________ 몸이 많이 아팠어요.
   ① 병원에 가려고
   ② 날씨가 춥다가는
   ③ 학교에 못 올 만큼
   ④ 병원에 간다는 것이

[4~5] 다음 밑줄 친 부분과 뜻이 비슷한 것을 고르십시오.

4. 가 : 바이멍 씨가 노래를 잘 해요?
   나 : 그럼요. <u>바이멍 씨만큼 노래를 잘 하는 사람도 없어요.</u>
   ① 바이멍 씨가 노래를 한 적이 있어요.
   ② 바이멍 씨가 노래를 잘 한다고 했어요.
   ③ 바이멍 씨가 노래를 잘 하는 줄 몰랐어요.
   ④ 바이멍 씨가 얼마나 노래를 잘 하는지 몰라요.

5. 가 : 요즘 피곤해서 입맛이 없어요.
   나 : 봄나물을 드셔 보세요. 입맛을 돋울 수 있어요.
   ① 식욕이 좋아져요.
   ② 몸에 좋을 거예요.
   ③ 맛을 볼 수 있어요.
   ④ 밥맛이 없을 거예요.

6. 다음 글을 읽고 ( )에 알맞은 말을 쓰십시오.

패스트푸드가 안 좋다고 하지만 제 생각에는 괜찮은 것 같습니다. 패스트푸드는 이름처럼 음식이 ( ). 그래서 짧은 시간에 간편하게 먹을 수 있습니다. 또 맛도 좋고 가격도 쌉니다. 이처럼 패스트푸드는 단점만 있는 것이 아니라 장점도 있습니다.

7. ( )에 가장 알맞은 표현을 고르십시오.

스트레스는 평소보다 긴장을 많이 할 때 생깁니다. 스트레스 때문에 두통이나 불면증이 생기고 머리카락이 빠지는 사람도 있습니다. 그래서 ( ) 노력이 필요합니다. 스트레스를 풀려면 우선 술과 커피를 마시지 않는 것이 좋습니다. 또 채소와 과일을 많이 먹고 규칙적으로 식사를 하는 것이 중요합니다. 시간이 있을 때마다 알맞은 운동을 하거나 즐거운 일에 대해서 생각을 하는 것이 좋습니다.

① 스트레스를 풀기 위한
② 두통이나 불면증을 막기 위한
③ 긴장을 할 때 잠을 자지 않는
④ 규칙적인 생활을 위한

8. 다음의 안내문을 읽고 **알맞은 것**을 고르십시오.

중문 병원 안내문

병실 안내 : 1층 접수처
면회 시간 : AM 9:00 ~ PM 21:00
주의사항 : 1. 면회는 2시간 이상 할 수 없습니다.
2. 환자와 함께 밖에 나가려면 의사 선생님과 상담을 해야 합니다.
3. 휴대전화의 벨 소리는 작게 줄이거나 진동으로 해 주십시오.
4. 환자는 병원 음식이 아닌 다른 음식을 먹을 수 없습니다.
주차장 : 병원 뒤에 있는 중문 주차장 이용은 무료입니다.

↓

민수야, 내일 시간이 있어? 제민이가 병원에 입원을 했다고 하니까 같이 가 보지 않을래? 학교 수업이 시작하기 전에 다녀오려고 해. ① 아침 7시에 중문 병원 앞에서 만나서 같이 가자. ② 주차장 이용료가 비싸니까 버스를 타고 가는 게 좋을 것 같아. 병실은 아직 모르겠어. ③ 1층 접수처에 가서 물어보면 될 것 같아. ④ 갈 때 제민이가 좋아하는 피자를 사 가자.

※ 제시된 표현을 순서대로 모두 사용해 한 문장으로 쓰십시오.

9.

눈물이 나다 / 음식이 맵다 / 물을 많이 마시다

____

10.

계속 공부를 하지 않다 / 게임을 하다 / 시험을 망치다

____

듣기

[1~2] 다음을 듣고 물음에 답하십시오.

1. 다음은 무엇에 대한 내용입니까?
   ① 뇌의 중요성 ② 뇌와 몸의 관계
   ③ 뇌의 건강에 좋은 음식 ④ 뇌의 건강을 지키는 방법

2. 들은 내용과 **다른 것**을 고르십시오.
   ① 음식을 골고루 먹는 것은 뇌에 좋다.
   ② 육식보다 채식이 뇌 건강에 더 좋다.
   ③ 뇌의 건강을 위해서 소식을 하는 것이 좋다.
   ④ 뇌의 건강을 위해서 운동은 일주일에 30분정도 하는 것이 좋다.

[3~4] 다음을 듣고 물음에 답하십시오.

3. 여자의 직업은 무엇입니까?
   ① 기자 ② 의사 ③ 요리사 ④ 영양사

4. 다음을 듣고 내용을 잘 이해한 사람을 고르십시오.
   ① 민수 : 맥주와 땅콩을 함께 먹으면 두통이 생길 수도 있어.
   ② 마리 : 설탕은 우유나 토마토를 먹을 때 같이 먹는 것이 좋겠어.
   ③ 제민 : 우유는 좋은 음식이니까 아무 음식과 함께 먹어도 괜찮은 것 같아.
   ④ 권봉 : 감자에 치즈를 넣고 만든 음식을 좋아하는데 앞으로 자주 먹어야겠어.

읽기

[1~3] 다음의 글을 읽고 물음에 답하십시오.

> 요즘 먹을 것이 풍부해지면서 비만인 사람들이 늘어나고 있다. 비만은 많은 성인병의 원인이기 때문에 특히 조심해야 한다. 비만의 원인이 되는 체지방을 줄이기 위한 방법에는 어떤 것이 있을까?
>
> 우선 인스턴트식품을 많이 먹지 말아야 한다. 특히 기름에 튀긴 음식은 지방이 많기 때문에 먹지 않는 것이 좋다. 또, 영양이 충분하지 않은 인스턴트식품만 먹으면 영양 불균형 상태가 될 수 있다.
>
> 다음으로 규칙적인 식사를 해야 한다. 요즘 많은 학생들이 아침을 굶고 학교에 가는데 아침 식사는 공부를 잘 할 수 있게 도울 뿐만 아니라 체지방을 줄이는 효과가 있다. 따라서 굶지 말고 하루에 세 번씩 식사를 하는 것이 좋다.
>
> 마지막으로 알맞은 운동을 해야 한다. 요즘 학생들은 운동장에서 친구들과 노는 것 보다 컴퓨터 게임하는 것을 더 좋아한다. 몸을 적게 움직이는 만큼 체지방은 쌓이게 된다. 그러므로 쉬는 시간이나 점심시간에 가벼운 운동을 하는 것이 체지방을 줄이는 것에 많은 도움이 된다.

1. 이 글은 무엇에 대한 내용입니까?

① 비만의 원인 ② 체지방이 많은 음식
③ 비만인 사람이 늘어나는 이유 ④ 체지방을 줄이기 위한 방법

2. 이 글에 대한 내용으로 **틀린 것**을 고르십시오.

① 규칙적인 아침 식사는 체지방을 줄일 수 있다.
② 가벼운 운동은 성인병에 걸리지 않게 도움을 준다.
③ 인스턴트식품에는 사람 몸에 필요한 영양이 전혀 없다.
④ 성인병에 걸리지 않으려면 체지방을 줄이는 것이 좋다.

| 쉽게 말하는 한국어 3 활용 |

듣기 지문

듣기지문

1과 복습

안녕하세요? 저는 헨리인데 호주 시드니에서 왔어요. 나이는 24살이고 호주에서 대학을 졸업했어요. 그리고 한국에서 대학원을 다니고 싶어서 한국에 오게 됐어요. 한국에 온 지 3달 됐는데 지금은 충북대학교에서 한국어를 배우고 있어요. 호주에서 한국어를 1년 동안 배웠지만 아직 한국 사람의 말을 다 이해할 수는 없어요.

한국 생활은 아주 좋지만 음식은 아직 잘 먹지 못해요. 한국 음식은 호주 음식보다 매운 편이라서 식사할 때 조금 힘들어요.

제 첫인상이 좀 차가워 보여서 무뚝뚝할 거라고 생각하는 사람들이 많은데 저는 성격이 밝아서 친구를 금방 사귀는 편이에요. 한국에 와서 알게 된 친구들과 매주 축구를 하기도 하고 가끔 저녁에 술도 마시기도 해요. 하지만 좀 급하고 덜렁거리는 성격 때문에 실수를 자주 하는 것이 단점이기도 해요. 그래서 물건을 잘 잃어버리기도 하고 잘 넘어지기도 해요.

2과 복습

남자 : 여기에요. 제시카 씨.
여자 : 내가 너무 늦었네요. 차가 밀려서요. 미안해요. 진신 씨.
남자 : 괜찮아요. 그런데 제시카 씨, 오늘 무엇을 살 거예요?
여자 : 김과 고추장 그리고 화장품을 사야 해요.
남자 : 화장품도요?
여자 : 네. 한국 화장품이 싸고 품질도 좋다고 해서 고향에 계신 어머니께 선물하려고요.
남자 : 그래요? 마침 청주백화점에서 화장품 세일을 한다고 하니까 거기로 갈까요?
여자 : 백화점은 비쌀 텐데 마트로 가요. 김과 고추장도 사야 하니까요.
그리고 저한테 고추장 할인쿠폰도 있어요.
남자 : 제시카 씨, 정말 꼼꼼하네요. 저는 할인쿠폰이나 적립카드 같은 거 잘 못 챙기는 편인데……
여자 : 어릴 때부터 어머니가 하시는 것을 보고 자라서 습관이 되었어요.
어머니께서 작은 것부터 절약하는 습관을 길러야 한다고 하셨어요.
남자 : 맞아요.

3과 복습

준수 : 계절 학기 신청 기한이 언제까지인 줄 아세요?
수지 : 아니요. 저도 잘 몰라요. 과 사무실에 전화해서 조교 선생님께 물어 보세요.
준수 : 아까 전화를 했는데 조교 선생님이 안 계시네요.
수지 : 그러면 학교 홈페이지를 한번 보세요. 홈페이지에는 계절 학기의 신청 기한뿐만 아니라 교과목에 대해서도 자세히 설명되어 있어요.
준수 : 아. 학교 홈페이지를 보면 되겠네요.
수지 : 준수 씨는 이번 방학에 계절 학기 수업을 신청할 거예요?
준수 : 네, 지난 학기에 공부를 너무 안 해서 학사 경고를 받았거든요.
수지 : 그래요? 그럼 계절 학기 수업을 꼭 수강해야겠네요.
저도 이번 방학에 계절 학기 수업을 신청할까 해요.
준수 : 왜요? 수지 씨도 학사 경고를 받았어요?
수지 : 아니요, 저는 이번 학기에 학점이 좋은 편이에요.
준수 : 그런데 왜 계절 학기 수업을 신청하려고 해요?
수지 : 저는 방학 중에도 수업을 들어서 좀 더 빨리 졸업하고 싶어요. 얼른 취직을 하려고요.
준수 : 그렇군요. 수지 씨 얘기를 들으니까 제가 좀 창피하네요. 저도 열심히 공부해야겠어요.

4과 복습

남자 : 링링 씨는 혹시 한국어를 배우면서 실수한 적이 있어요?
여자 : 실수요? 음……. 제 발음 실수 때문에 오해를 받은 적이 있어요.
남자 : 무슨 오해요?
여자 : 제가 초급반이었을 때 수업을 마치고 선생님께 인사를 했어요.
그런데 제가 인사를 할 때마다 선생님께서는 기분이 나쁜 것 같았어요.
남자 : 왜요? 뭐라고 인사를 했는데요?
여자 : "선생님, 내일 만나요" 이렇게 인사를 했어요.
남자 : 그렇게 인사를 했는데 선생님께서 왜 기분 나빠 하셨을까요?
여자 : 나중에 알고 보니 제가 인사를 하는 줄 모르셨다고 해요.
제 발음이 너무 나빠서 "선생님, 나이 많아요."
이렇게 잘못 들으셨다고 해요.
남자 : 하하하. 정말 그렇게 들으셨으면 선생님께서 기분 나쁘셨겠네요.
여자 : 그 이후로는 또 그런 일이 생길까 봐 말할 때마다 정확하게 발음하려고 노력하게 됐어요.
남자 : 정확하게 발음하는 것도 좋지만 실수를 두려워하지 말고 자꾸 말을 해야 한국어 실력이 늘어요.

5과 복습

[1~3]

뇌는 몸을 움직이는 일을 합니다. 그래서 몸의 건강만큼 뇌의 건강도 중요합니다. 뇌의 건강을 지키려면 어떻게 해야 할까요?
먼저 뇌의 건강을 지키기 위해서는 일주일에 세 번 이상 운동을 하는 것이 좋습니다. 운동을 할 때는 30분 이상 하는 것이 효과적입니다. 또 음식은 적게 먹고 편식을 하지 않는 것이 좋습니다. 특히 고기를 먹는 것보다 채소나 과일을 먹는 것이 뇌의 건강에 더 도움이 됩니다. 그리고 스트레스는 뇌의 건강에 좋지 않기 때문에 빨리 푸는 것이 좋습니다. 술과 담배도 뇌에 나쁜 영향을 주기 때문에 줄이는 것이 좋습니다. 이처럼 조금만 노력을 하면 우리의 뇌는 더 건강하게 될 것입니다.

[4~5]

기자(남) : 음식도 서로 맞는 음식과 맞지 않는 음식이 있다고 합니다. 그래서 오늘 영양사이신 이미영 선생님을 모시고 '같이 먹으면 좋은 음식과 좋지 않은 음식' 에 대해서 알아보겠습니다. 선생님 안녕하세요?
전문가(여) : 네. 안녕하세요?
기자(남) : '같이 먹으면 좋은 음식' 에는 어떤 것이 있나요?
전문가(여) : 네. 먼저 딸기와 우유는 함께 먹으면 좋습니다. 우유가 딸기의 비타민을 몸이 잘 받아들일 수 있게 도와주기 때문입니다. 이처럼 감자와 치즈, 또 두부와 미역도 함께 먹을 때 몸에 더 좋은 효과를 줄 수 있습니다.
기자(남) : 그렇군요. '같이 먹으면 안 좋은 음식' 은 어떤 것이 있나요?
전문가(여) : 토마토와 설탕을 같이 먹거나 우유와 설탕을 함께 먹는 것은 좋지 않습니다. 토마토와 우유에 있는 비타민을 설탕이 없애기 때문입니다.
기자(남) : 이것만 조심하면 되나요?
전문가(여) : 아닙니다. 맥주와 땅콩을 함께 먹으면 설사가 날 수도 있기 때문에 조심해야 합니다. 또 술과 커피를 함께 마시면 두통이 생길 수도 있습니다.
기자(남) : 함께 먹으면 좋은 음식도 많지만 안 좋은 음식도 정말 많은 것 같습니다.
앞으로 음식을 먹을 때 한번쯤 생각을 하고 먹어야겠습니다.
이상 김철수였습니다.

| 쉽게 말하는 한국어 3 활용 |

모범 답안

모범답안

1과 소개

01 한국어를 배운 지 얼마나 됐어요?

▸ 문법

–(으)ㄴ 지

1. 2) 들은 지 일주일이 됐어요/지났어요
   3) 지은 지 15년이 됐어요/지났어요
   4) 지난 지 4시간이 됐어요/지났어요
   5) 한국에 온 지 6개월이 됐어요/지났어요
2. 2) 읽은 지
   3) 우리는 사귄 지 3년쯤 됐어요
   4) 한 지
   5) 못 본지 1년이 됐어요
   6) 결혼한 지 10년이 됐어요
   7) 회사에 다닌 지 오래 되지 않아서
3. 2) 영어 학원에 등록한 지 2주가 됐어요
   3) 부모님과 전화 통화를 한 지 열흘이 되었어요
   4) 중간시험을 본 지 5일이 지났어요
   5) 컴퓨터를 산 지 이틀 밖에 안 됐어요

–게 되다.

1. 2) 여행을 자주 다니게 되었어요
   3) 사진을 잘 찍게 되었어요
   4) 돈을 기부하게 되었어요
   5) 한국어 선생님을 하게 되었어요
   6) 한국어를 배우게 되었어요
2. 2) 받게 되었어요
   3) 일어나게 되었어요

4) 좋아하게 되었어요
5) 일하게 되었어요

3. 2) 결혼하게 되었어요
3) 이사하게 되었어요
4) 프랑스어를 배우게 되었어요
5) 부모님과 함께 살게 되었어요

–아/어/여 보이다.

1. 2) 행복해 보여요
3) 아파 보여요
4) 많아 보여요
5) 슬퍼 보여요

2. 2) 커 보여요
3) 좋아 보여요
4) 피곤해 보여요
5) 비싸 보여요
6) 깨끗해 보여요

3. 교실 학생들의 모습을 보고 작성

▸ 어휘

1. 1) 지루해서
2) 부끄러워서
3) 신이 나서
4) 화가 났어요
5) 답답했어요
6) 긴장하

2. 1) 내성적
2) 긍정적
3) 적극적
4) 꼼꼼한
5) 무뚝뚝해서

02 사진을 보니 정말 가 보고 싶네요.

▸ 문법

처럼

1. 2) 어머니처럼
   3) 천사처럼
   4) 봄처럼
   5) 어른처럼
2. 2) 먹을 것처럼
   3) 아는 것처럼
   4) 할 것처럼
   5) 안 잔 것처럼
3. 2) 요리사처럼
   3) 여자처럼
   4) 나쁜 것처럼
   5) 만든 것처럼
   6) 못 올 것처럼

-게

1. 2) 편하게
   3) 크게
   4) 자세하게
   5) 맵지 않게
2. 2) 예쁘게
   3) 솔직하게
   4) 나쁘게
   5) 시원하게
   6) 재미있게
3.

1) 요즘 바쁘다.	한국어를 공부하다.
2) 늦다.	생겼어요.
3) 깨끗하다.	생활하다.
4) 얼굴이 귀엽다.	학교에 오다.
5) 매일 즐겁다.	방을 청소하다.

2) 늦게 학교에 와서 선생님께 야단을 맞았어요
3) 깨끗하게 방을 청소해서 기분이 좋아요
4) 얼굴이 아이처럼 귀엽게 생겼어요

5) 저는 매일 즐겁게 한국어를 공부해요

–네요.

1. 2) 빨갛네요
   3) 기말시험에서 100점을 받았네요
   4) 우네요.
   5) 피아노를 잘 치네요
2. 2) 인도의 여름은 정말 덥네요
   3) 학생들의 시험 점수가 나쁘네요
   4) 밥을 많이 먹네요
   5) 이번에는 문화 체험을 많이 가네요
3. 2) 좋네요
   3) 많네요
   4) 오네요
   5) 예쁘네요

▸ 어휘

1.
   아버지의 형 — 큰아버지
   고모의 남편 — 고모부
   어머니의 여동생 — 이모
   아버지를 낳으신 분 — 할머니
   언니의 남편 — 형부
2. 1) 핵가족
   2) 중매
   3) 맏아들
   4) 외동딸, 외아들
   5) 분가하

03 패션 산업에 대해서 공부하고 싶어요.

–에 대해(서)

1. 2) 여행지에 대해서
   3) 결혼에 대해서
   4) 한국 경제에 대해서

5) 대학 입학에 대해서

2. 2) 한국의 역사에 대한
   3) 제주도 여행에 대한
   4) 문법에 대한
   5) 올해 유행할 옷에 대한

3. 2) 친구에 대해서
   3) 시험에 대한
   4) 한국어 발음에 대한
   5) 합격자 발표에 대해서

-(는/ㄴ)다고 하다.

1. 2) 오늘은 날씨가 좋다고 했어요
   3) 매일 8시에 학교에 온다고 했어요
   4) 매일 7시에 아침을 먹는다고 했어요
   5) 선생님이 경주로 갈 거라고 했어요
   6) 요즘은 회사 일이 많아서 늦게 퇴근한다고 했어요
   7) 일기예보에서 내일 날씨가 맑을 거라고 했어요
   8) 친구하고 시내에서 쇼핑을 했다고 했어요
   9) 불고기를 만들고 있다고 했어요
   10) 한국 사람이 아니라고 했어요
   11) 내년에 대학교에 입학할 거라고 했어요
   12) 하리 씨의 고향은 겨울에도 춥지 않다고 했어요

2. 2) 철수 씨의 부모님께서 내일 한국에 오셔서 공항으로 마중 나가야 한다고 했어요
   3) 시간이 너무 늦어서 선생님께 전화를 할 수 없다고 했어요
   4) 모레는 학교에 꼭 올 거라고 했어요

-(으)라고 하다.

1. 2) 행정실 직원이 입학서류를 내일까지 사무실에 제출하라고 했어요
   3) 박물관 직원이 여기에서는 사진을 찍지 말라고 했어요
   4) 직원이 9시 30분까지 공연장에 들어오라고 했어요
   5) 약사가 밥을 먹고 30분 후에 이 약을 먹으라고 했어요

2. 2) 물건에 문제가 있으면 구입 후 3일 안에 교환하라고 했어요
   3) 이 물건은 1년 동안 무료로 수리할 수 있으니까 고장이 나면 아래의 번호로 연락을 하라고 했어요
   4) 이 물건은 아이의 손이 닿지 않는 곳에 놓으라고 했어요

3. 2) 수업이 있어서 저에게 이 책을 반납해 달라고 했어요.
   3) 그 치마가 작으니까 더 큰 사이즈로 보여 달라고 했어요.
   4) 주라고 했어요.
   5) 사전을 빌려 달라고 했어요.

▶ 어휘

1.

식품영양학	건강에 좋은 식단을 짜고 싶습니다.
컴퓨터공학	컴퓨터 프로그램을 개발하고 싶습니다.
영어영문학	통역사가 되고 싶습니다.
체육학과	체육선생님이 되고 싶습니다.
건축학과	멋있는 건물을 짓고 싶습니다.

2. 1) 진학하
   2) 적응할
   3) 지원했습니다.
   4) 접수했습니다.

04 고향에 같이 가자고 해서 인터넷으로 정보를 찾고 있어요.

▶ 문법

–자고 하다.

1. 2) 태웅 씨가 친구들이 좋아하니까 불고기를 만들자고 했어요.
   3) 세희 씨가 교실이 더우니까 에어컨을 켜자고 했어요.
   4) 선생님께서 앞으로 수업시간에는 한국말로만 이야기를 하자고 했어요.
   5) 수진 씨가 등산을 가자고 했어요.
2. 2) 친구가 비행기를 타고 가자고 했어요.
   3) 민박을 하자고 했어요.
   4) 돼지고기를 먹자고 했어요.
   5) 우리 둘만 가자고 했어요

–(느)/(으)냐고 하다.

1. 2) 제 여자 친구가 예쁘냐고 했어요.
   3) 누가 김 선생님이냐고 했어요.

4) 그 식당 음식은 맛이 어떠냐고 했어요.
5) 어제 누구하고 공연을 봤느냐고 했어요.
6) 무슨 책을 읽느냐고 했어요.
7) 방학 동안 무엇을 할 거냐고 했어요.

2. 2) 입장료가 얼마냐고 했어요.
3) 밥은 어떻게 먹을 수 있느냐고 했어요
4) 도시락을 준비해야 하느냐고 했어요
5) 오늘 손님이 많을 것 같으냐고 했어요

–(으)며

1. 2) 산이 있으며 바다도 있어서
3) 바람이 많이 불며 비가 내리겠습니다
4) 크기가 크며 주머니가 많아서
5) 재미있으며 감동적이에요

2. 각자 완성

3. 2) • 내 친구는 키도 크며 날씬해요.
• 내 친구는 한국말도 잘 하며 영어도 잘 해요.
3) • 내 고향은 경치가 아름다우며 먹을거리도 많아요.
• 내 고향의 사람들은 인심이 좋으며 모두 친절해요.
4) • 주말에는 부모님께 편지도 쓰며 음악도 들으며 보냈어요.
• 주말에는 집에서 숙제도 하며 운동장에서 농구도 했어요.
5) • 보통 우리는 만나서 맛있는 음식을 먹으며 함께 영화도 봐요.
• 도서관에서 공부를 하며 같이 밥도 먹고 서로의 고민에 대한 이야기도 해요.

▸ 어휘

1. 1) 국기, 국가 2) 공용어 3) 인구 4) 수도
2. 각자 자신의 나라 국기를 그리고 그 의미를 소개

05

▸ 어휘

1. ② 2. ① 3. ④ 4. ③ 5. ④ 6. ① 7. ④ 8. ③ 9. ② 10. ④ 11. ③
12. ③

▸ 문법

1. ① 2. ③ 3. ② 4. ③ 5. ① 6. ② 7. ④ 8. ② 9. ① 10. ②

▸ 쓰기

1. ① 2. ④ 3. ③ 4. ④
5. 한국에 온 지 3년이 되었지만 김치를 못 먹어요.
6. 제임스 씨는 외국 사람인데 한국 사람처럼 한국말을 잘 하네요.
7. 동창회에 갔는데 옛 친구를 만나게 되어 기뻤어요.
8. ② 9. ①

▸ 듣기

1. ① 2. ③ 3. ④

▸ 읽기

1. ① 2. ④ 3. ①

2과 집안일

01 봄도 됐는데 우리 대청소할래요?

▸ 문법

–(으)ㄹ래요.

1. 2) 도와줄래요
   3) 같이 갈래요
   4) 볼래요
   5) 빌려 줄래요
   6) 찾아 줄래요
   7) 먹어 볼래요
   8) 등산갈래요, 있을래요
   9) 파티할래요, 할래요
   10) 각자 완성

2. 2) 경주에 유적지가 많으니까 경주로 여행을 갈래요
   3) 졸업 후에 무엇을 할래요, 돈을 벌어야 해서 졸업 후에 취직을 할래요
   4) 각자 완성

–아/어/여요.

1. 2) 청소해요
   3) 가요.
   4) 병원에 가요.
   5) 바꿔요.

2. 1) 장을 봐요
   2) 준비해요
   3) 만들어요
   4) 찍어요
   5) 가져와요
   6) 준비해요

–(으)니까요.

1. 2) 아기가 자니까요
   3) 결혼식에 늦었으니까요 / 시간이 없으니까요
   4) 제가 일등을 했으니까요 / 제가 상을 탔으니까요
   5) 음식이 상했으니까요
   6) 담배를 피우지 마세요. 금연구역이니까요

2.

도서관에 사람이 많다.	눈이 오다.
졸업식에서 울다.	문화가 다르다.
제주도는 여행지로 유명하다.	다른 옷이 있다.
실수가 많다.	시험기간이다.
날씨가 추워지다.	친구를 못 만나다.
옷을 벗어주면 감기에 걸리다.	경치가 아름답다.

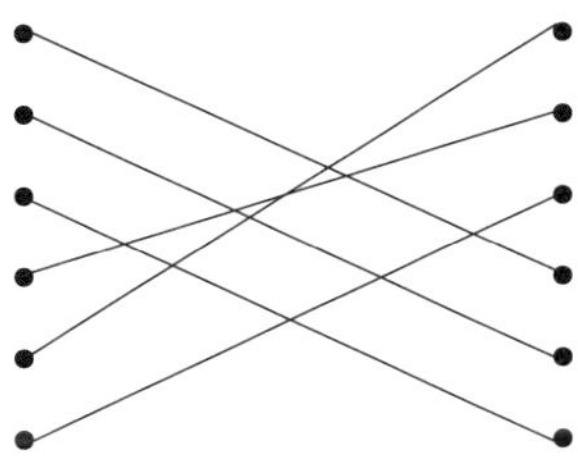

   2) 눈이 왔으니까요
   3) 시험기간이니까요
   4) 문화가 다르니까요
   5) 친구를 못 만나니까요
   6) 다른 옷이 있으니까요

▸ 어휘

1. 1) 빗자루, 쓰레받기
   2) 걸레
   3) 청소기
   4) 먼지떨이
2. 1) 환기하세요
   2) 정리하세요
   3) 떠세요
   4) 돌려서
   5) 닦으세요

02 빨래가 이것밖에 없어요?

▸ 문법

~밖에

1. 2) 빵을 한 개밖에 안 먹었는데 배가 불러요
   3) 풀지 않은 문제가 많은데 시험 시간이 10분밖에 안 남았네요
   4) 우리 반에는 여학생은 2명밖에 없는데 남학생은 13명이 있어요
   5) 저는 회사에 들어간 지 얼마 안 돼서 민수 씨와 철수 씨밖에 몰라요
2. 2) 3명밖에 없어요
   3) 삼만 원밖에 안 주셨어요
   4) 한 시간밖에 안 남았어요
   5) 조금밖에 못 했어요
   6) 한 개밖에 없어요

–(으)려고요.

1. 2) 병원에 가요. 친구 병문안을 하려고요
   3) 케이크와 선물을 사요. 여자 친구에게 주려고요
   4) 은행에 가요. 돈을 찾으려고요
   5) 각자 완성
2. 2) 집에 가서 쉬려고요
   3) 미국에 유학을 가려고요
   4) 여행을 가려고요
   5) 선생님을 만나려고요
   6) 버리려고요
   7) 하려고요

–아/어/여서요.

1. 2) 아이스크림을 (많이) 먹어서요
   3) 배가 고파서요
   4) 한국어 능력시험이 있어서요
   5) 날씨가 더워서요
2. 1) 친구가 알려줘서요
   2) 무서워서요, 재미있어서요
   3) 배가 불러서요, 일등을 해서요
   4) 두고 와서요, 피곤해서요

▸ 어휘

1. 1) 돌려서 2) 널면 3) 말릴 때 4) 걷으세요 5) 다리세요 6) 개서
2. 1) ① 2) ⑤ 3) ② 4) ③ 5) ④

03 그래야 환경오염도 줄일 수 있고요.

▸ 문법

–고요.

1. 2) 집을 사고 싶어요. 자동차도 사고요
   3) 요리수업을 하고 싶어요. 친구들과 사진도 찍고요
   4) 경치 좋은 곳에 가고 싶어요. 맛있는 음식도 먹고요
   5) 각자 완성
2. 2) 공부도 잘하고요
   3) 열이 나요. 기침도 하고요
   4) 부모님이 오셨어요. 동생도 오고요
   5) 미국에서 왔어요. 이 친구는 캐나다에서 왔고요
   6) 아빠는 회사원이에요. 엄마는 선생님이고요
3. 1) 비도 많이 오고요
   2) 돼지고기도 유명하고요
   3) 한라산에도 가 보시고요
   4) 귤도 사고요
   5) 학교 선배도 가고요

–기는 하지만

1.

1) 이 휴대전화는 비싸다.	피곤하다.
2) 오늘 기온이 낮다.	너무 비싸서 부담스럽다.
3) 친구에게서 선물을 받다.	디자인이 예뻐서 인기가 많다.
4) 버스 안에서 자다.	바람이 불지 않아서 춥지 않다.
5) 이 책은 두꺼운 책이다.	그림이 많아서 쉽게 읽을 수 있다.

   2) 오늘 기온이 낮기는 하지만 바람이 불지 않아서 춥지 않아요
   3) 친구에게서 선물을 받기는 했지만 너무 비싸서 부담스러워요
   4) 버스 안에서 자기는 했지만 피곤해요
   5) 이 책은 두꺼운 책이기는 하지만 그림이 많아서 쉽게 읽을 수 있어요

2. 2) 맛있기는 하지만 너무 매워요
   3) 시원하기는 하지만
   4) 수학을 잘하기는 하지만 영어는 잘 못해요
   5) 가깝기는 하지만 기숙사비가 비싸요
3. 2) 눈이 많이 오기는 했지만
   3) 쓰기는 하지만, 비싸기는 하지만
   4) 멋있기는 하지만, 말이 없는 편이기는 하지만
   5) 안 하기는 하지만, 사랑하기는 하지만, 무뚝뚝하기는 하지만

–(으)ㄹ 텐데

1.

1) 오늘은 회사일이 많아서 바쁠 것이다.	꼭 사야해요?
2) 잠시 후에 전화가 올 것이다.	내일 만납시다.
3) 그 옷은 비쌀 것이다.	집에 전화하세요.
4) 장학금을 받은 것을 알면 어머니가 기뻐할 것이다.	걱정이에요.
5) 시험공부를 안 해서 점수가 안 좋을 것이다	꼭 받으세요.

   2) 잠시 후에 전화가 올 텐데 꼭 받으세요
   3) 그 옷은 비쌀 텐데 꼭 사야해요?
   4) 장학금을 받은 것을 알면 어머니가 기뻐하실 텐데 집에 전화하세요
   5) 시험공부를 안 해서 점수가 안 좋을 텐데 걱정이에요
2. 2) 시험이 끝나서 시간이 있을 텐데요
   3) 일주일 동안 집에 전화를 하지 않아서 엄마가 걱정하실 텐데요
   4) 요즘 회사에 일이 많아서 바쁠 텐데요
3. 2) 체할 텐데
   3) 매울 텐데
   4) 눈이 나빠질 텐데
   5) 서운해 할 텐데
   6) 건강이 나빠질 텐데요
4. 2) 밖에 나가면 많이 추울 텐데 옷을 따뜻하게 입으세요
   3) 배가 고플 텐데 이 음식 좀 드세요

▸ 어휘

1.

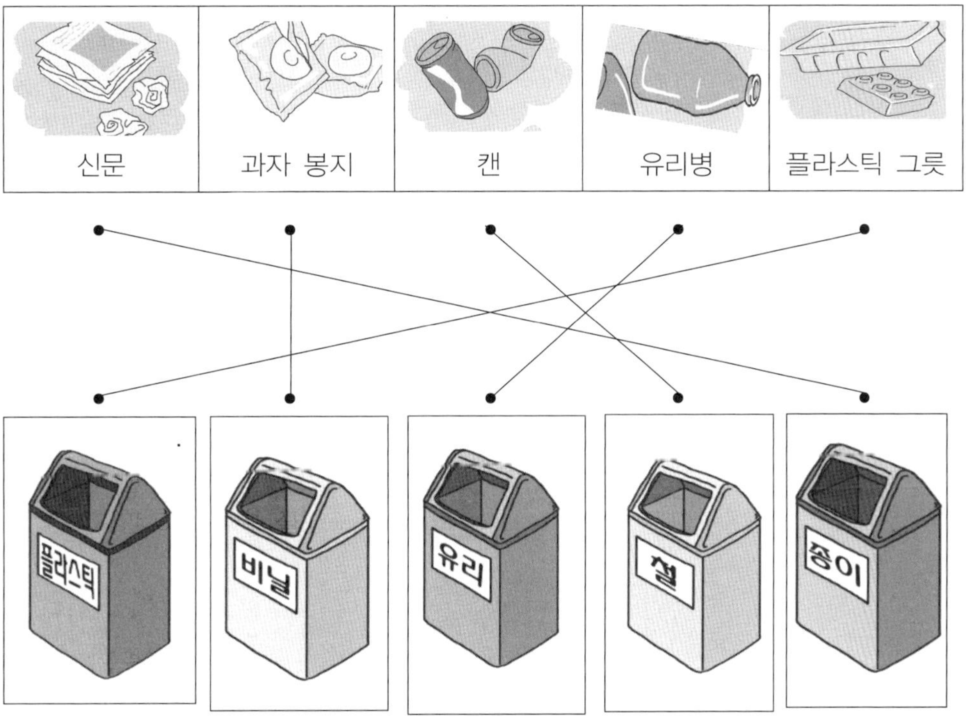

2. 1) 음식물 쓰레기 수거함, 플라스틱 수거함
   2) 종이 수거함, 의류 수거함

04 할인쿠폰이 있어서 싸게 살 수 있어.

▸ 문법

(이)나

1. 2) 10시간이나
   3) 4명이나 있어요
   4) 500권이나 있어요
   5) 5kg이나 뺐어요

2. 2) 영화를 한 달에 열 번이나 봐요
   3) 한 달에 십만 원이나 나와요

4) 한국어를 배운지 5년이나 됐어요
5) 십 분밖에 안 걸려요. 성민 씨는 학교에서 집까지 한 시간이나 걸려요

반말1

1. 2) 내가 그렇게 말해서 서운했니
3) 전공이 경제학이니
4) 보통 몇 시에 자
5) 사과 하나에 얼마야
6) 매운 음식을 먹을 수 있어
7) 형, 잘잤어
8) 동생이 키가 커
9) 방학에 무엇을 할거야
10) 내 이름은 아노트라고 해
11) 은행에서 돈을 찾았어
12) 이번 중간시험은 어려울 거야
13) 여기는 도서관이야
14) 내가 몸이 좀 아파서 병원에 다녀왔어
2. 2) 먹고 갈거야
3) 설거지 하라고 했어
4) 갖고 싶어
5) 분이 담임선생님이야
3. 1) 빵하고 우유를 먹었어
2) 운동해
3) 미선이야. 항상 친절해서 좋아
4) 제주도에 가고 싶어. 경치가 정말 아름다워
5) 도서관에서 책을 빌리고 싶어
6) 친구들과 함께 노래방에 갔어
7) 수업 시간에 배운 내용을 복습해야 해
8) 어느 대학교에 갈까 고민하고 있어

반말2

1. 2) 영화를 보러 시내에 가자
3) 날씨가 추우니까 장갑을 껴
4) 한국소설과 신문을 읽어
5) 할머니 댁에 가서 저녁을 먹어
6) 밖의 날씨가 추울까

7) 그 사람이 외국인일까
8) 우리 이 의자에 앉을까
9) 이번 주말에 부산에 갈래

2. 2) 현주도 잘 지냈어
3) 같이 갈 수 있어
4) 응. 좋아. 어디로 갈 거야
5) '사조리조트' 가 어때
6) 무엇을 준비할까
7) 사진기 좀 가지고 와. 내 것은 고장이 나서
8) 아침 여덟시에 만나

3. 2) 모두 같이 할 거니까 다른 약속을 하지 마. 알았지
3) 나는 내일 수업이 끝나고 친구와 영화 보러 가기로 했는데
4) 영화는 일요일에 봐
5) 다음 주에 우리 학교에서 한국어 능력시험을 보기로 했어
6) 러시아에서 부모님이 오셔
7) 대청소는 모레 하기로 하자

▸ 어휘

1. 1) 물품 보관함 2) 반짝 세일 3) 할인 쿠폰 4) 사은품 5) 적립 카드

05

▸ 어휘

1. ④ 2. ③ 3. ③ 4. ④ 5. ④ 6. ① 7. ② 8. ① 9. ② 10. ①

▸ 문법

1. ① 2. ④ 3. ③ 4. ④ 5. ②
6. 아노트, 무엇을 하고 있어
7. 인터넷으로 찾고 있어
8. 그래? 방학이 언제부터 언제까지야
9. 다음 주부터 한 달 동안이야
10. 방학이 길군/ 방학이 길구나
11. 응. 그래서 방학 동안 일본어를 배울까 해
12. 진호도 같이 배우자
13. 글쎄. 요즘 회사일이 많아서 시간이 있을지 모르겠어
14. 같이 배우면 좋을 텐데 생각해 봐

▸ 쓰기

1. ③ 2. ④ 3. ① 4. ① 5. ③ 6. ②
7. 두꺼운 겨울 이불은 빨기가 힘들다.
8. 배가 고파서 밥을 다섯 그릇이나 먹었어요.
9. 한국 영화를 보기는 하지만 어려워서 이해가 안 돼요.
10. 날씨가 추울 텐데 두꺼운 옷을 입고 나가세요.

▸ 듣기

1. ③ 2. ③

▸ 읽기

1. ② 2. ④

3과 대학생활

01 심리학 개론을 신청한다고 하더니 생각이 바뀌었네.

▸ 문법

–더니

1. 2) 아까는 밖이 시끄럽더니 지금은 조용해요
   3) 제인 씨가 한국에 처음 왔을 때는 김치를 못 먹더니 지금은 김치를 좋아하네요
   4) 아내가 예전에는 요리를 잘 못하더니 이제는 요리사처럼 잘 해요
   5) 작년에는 미니스커트가 유행이더니 올해는 바지가 유행이에요
   6) 준수 씨가 몇 년 전에는 학생이더니 지금은 회사원이 되었네요
2. 2) 동생이 텔레비전을 많이 보더니 눈이 나빠졌어요
   3) 아버지께서 술과 담배를 끊으시더니 건강해지셨어요
   4) 아노트 씨가 돈을 열심히 모으더니 자동차를 샀어요
   5) 수지 씨와 성민 씨가 5년 동안 사귀더니 결혼했어요
   6) 밍밍 씨가 아이스크림을 다섯 개나 먹더니 배탈이 났어요
   7) 즈엔 씨가 매일 뉴스를 1시간씩 듣더니 듣기 실력이 좋아졌어요

에 관해서

1. 2) '한국 문화' 수업 시간에 한국 요리에 관해서 배웠어요
   3) 이번 방학에는 컴퓨터에 관해서 공부하고 싶어요
   4) 선생님과 대학 입학에 관해서 상담하고 싶어요
   5) 이번 시간에는 환경오염에 관해서 토론을 할 거예요
   6) 수지 씨는 요즘 다이어트에 관해서 관심이 많아요
2. 2) 한국 역사에 관한
   3) 한국어능력시험에 관한
   4) 한국의 경제에 관한
   5) 대학 입학에 관한

–(으)ㄹ지 –(으)ㄹ지

1. 2) 제주도로 갈지 부산으로 갈지
   3) 여자 친구의 생일 선물로 반지를 살지 향수를 살지
   4) 오늘 점심에 비빔밥을 먹을지 냉면을 먹을지
   5) 이번 방학 때 컴퓨터를 배울지 수영을 배울지

2. 2) 고향에 갈지 한국에 있을지
   3) 기숙사에서 살지 자취를 할지
   4) 집에서 만들지 주문을 할지
   5) 남자 친구를 만나서 영화를 볼지 밥을 먹을지
3. 2) 시간이 있을지 없을지 잘 모르겠어요
   3) 나을지 안 나을지 잘 모르겠어요
   4) 비가 올지 안 올지 잘 모르겠어요
   5) 있을지 없을지 잘 모르겠어요
   6) 동창회에 갈 수 있을지 없을지 모르겠어요
   7) 할지 말지 아직 결정하지 못했어요

▶ 어휘

1. 1) 선택　2) 학점　3) 전공　4) 수강 신청　5) 교양
2. 1) 선배　2) 격주　3) 실기　4) 환영합니다　5) 신입생

02 저는 사물놀이 동아리에 가입할까 해요.

▶ 문법

-(으)ㄹ까 하다.

1. 2) 한복을 입을까 해요
   3) 방학 때 운전을 배울까 해요
   4) 충북대학교에 입학 원서를 낼까 해요
   5) 장학금을 받으면 노트북을 살까 해요
   6) 파마를 할까 해요
2. 2) 이번 주 토요일에는 특별한 일이 없어서 집에서 쉴까 해요
   3) 이번 주 일요일은 집들이가 있어서 어머니를 도울까 해요
   4) 이번 주 금요일은 친구의 생일이어서 생일파티에 갈까 해요
   5) 다음 달에 한국어능력시험이 있어서 열심히 공부할까 해요
3. 1) 살까 해요
   2) 줄까 해요
   3) 할까 해요
   4) 갈까 해요
   5) 잘까 해요

-(으)ㄹ 뿐만 아니라

1. 2) 제주도는 먹을거리가 많을 뿐만 아니라 볼거리도 많아요
   3) 과일은 몸에 좋을 뿐만 아니라 맛도 좋아요
   4) 하숙집 아주머니는 음식을 잘 할 뿐만 아니라 친절해요
   5) 내 동생은 피아노를 잘 칠 뿐만 아니라 노래도 잘 불러요
   6) 밍밍 씨는 농구뿐만 아니라 축구도 잘 해요
   7) 준수 씨는 중국어뿐만 아니라 일본어도 잘 해요
2. 2) 저 가수는 한국뿐만 아니라 일본에서도 유명해요
   3) 휴대폰으로 음악을 들을 수 있을 뿐만 아니라 인터넷도 할 수 있어요
   4) 지난 겨울은 추웠을 뿐만 아니라 바람도 많이 불었어요
   5) 우리 담임선생님은 예쁠 뿐만 아니라 친절해요
   6) 새로 이사 간 아파트는 깨끗할 뿐만 아니라 넓어요
3. 1) ② 무심천의 아름다운 경치뿐만 아니라 청주 시내의 야경도 볼 수 있어요
   ③ 아이들이 좋아하는 놀이 시설뿐만 아니라 수영장도 있어요
   2) ① 화질이 좋을 뿐만 아니라 화면도 커요
   ② 이전 제품보다 가벼울 뿐만 아니라 얇아요
   ③ 세일 기간이어서 싸게 구입할 수 있을 뿐만 아니라 사은품으로 스피커도 받을 수 있어요

~을/를 통해서

1. 2) 일기예보를 통해서
   3) 홈쇼핑을 통해서
   4) 편지를 통해서
   5) 동아리 활동을 통해서
   6) 홈페이지를 통해서

2.

1)	책	다이어트에 성공했어요.
2)	운동	한국 문화를 알게 되었어요.
3)	세계여행	많은 지식을 얻게 되었어요.
4)	아르바이트	사회생활을 경험하게 되었어요.
5)	경주 문화 체험	많은 외국 친구를 사귀게 되었어요.

2) 운동을 통해서 다이어트에 성공했어요
3) 세계여행을 통해서 많은 외국 친구를 사귀게 되었어요
4) 아르바이트를 통해서 사회생활을 경험하게 되었어요
5) 경주 문화 체험을 통해서 한국 문화를 알게 되었어요

▸ 어휘

1. 1) 풍물 2) 문학 3) 봉사 4) 산악 5) 합창
2. 1) 모집했어요 2) 동아리 방 3) 신입회원 4) 홍보하면 5) 탈퇴한

03 행사 내용도 작년에 비해서 다양해졌어요.

▸ 문법

–(으)려면

1. 2) 보내려면
   3) 나오려면
   4) 만들려면
   5) 가입하려면
   6) 합격하려면
2. 2) 배우려면
   3) 바꾸려면
   4) 사귀려면
   5) 읽으려면
3. 2) 충북대학교에 입학하려면 한국어능력시험 3급에 합격해야 해요
   3) 공항에 가려면 여기에서 버스를 타야 해요
   4) 비자를 연장하려면 출입국관리사무소에 가야 돼요
   5) 도서관에서 책을 빌리려면 학생증이 필요해요
   6) 옷에 묻은 김치 얼룩을 지우려면 양파즙을 사용하면 돼요
4. 1) 대학교에 가려면 — 먼저 입학 신청을 해야 해요.
      대학교에 가면 — 하고 싶은 공부를 할 수 있어요.
   2) 음식이 맛있으려면 — 식재료가 좋아야 해요.
      음식이 맛있으면 — 많이 드세요.
   3) 동아리에 가입해 보세요
      한국어 말하기 실력이 좋아질 수 있어요
   4) 매일 30분씩 줄넘기를 해 보세요
      농구를 더 잘 할 수 있어요

중이다

1. 2) 수업 중이에요
   3) 공사 중이에요
   4) 샤워 중이에요
   5) 수리 중이에요
   6) 여행 중이에요
2. 2) 외출 중이에요
   3) 회의 중이니까
   4) 상담 중이에요
   5) 금연 중이에요
   6) 수리 중이에요
   7) 생각 중이에요

~에 비해서

1. 2) 한라산에 비해서 더 높아요
   3) 중간 성적에 비해서 더 좋아요
   4) 나이에 비해서 키가 커요
   5) 가격에 비해서 맛있어요
2. 1) ② 충북 무역에 비해서 개신 무역이 더 많아요
      ③ 월급이 적어요
      ④ 근무시간이 짧아요
   2) ① 행복 하숙집에 비해서 사랑 하숙집이 비싸요
      ② 행복 하숙집에 비해서 사랑 하숙집이 좁아요
      ③ 행복 하숙집에 비해서 사랑 하숙집이 멀어요
      ④ 방이 크고 학교까지의 거리가 가까워요

▸ 어휘

1. 1) 프로그램 2) 초청 공연 3) 가요제 4) 전시회 5) 일일 주막

04 내일까지 내야 하거든요.

▸ 문법

–거든요

1. 2) 동대문 시장은 옷값이 싸거든요
   3) 헤어졌거든요
   4) 일이 너무 많거든요
   5) 다음 주에 한국어능력시험이 있거든요
   6) 결혼기념일이거든요
2. 1) 있거든요, 나쁘거든요, 풀리거든요
   2) 맛있거든요, 싫어하거든요, 좋아하거든요, 받았거든요

–자마자

1. 2) 전자사전을 사자마자 잃어버렸어요.
   3) 대학교를 졸업하자마자 취직을 했어요.
   4) 시험이 끝나자마자 영화를 보러 갈 거예요.
   5) 저 건물을 지나자마자 오른쪽으로 돌아가세요.
2. 2) 들어가자마자
   3) 졸업하자마자
   4) 받자마자
   5) 보자마자
3. 2) 일어나자마자 물을 마셔요.
   3) 고향에 가자마자 부모님을 만날 거예요.
   4) 자동차를 사자마자 여행을 가고 싶어요.
   5) 월급을 받자마자 부모님께 드릴 선물을 사고 싶어요.

–아/어/여 가지고

1. 2) 모아 가지고
   3) 만들어 가지고
   4) 찾아 가지고
   5) 써 가지고
2. 2) 오늘 늦잠을 자 가지고 지각을 했어요.
   3) 영화가 너무 재미있어 가지고 두 번이나 봤어요.
   4) 날씨가 너무 더워 가지고 에어컨을 켰어요.
   5) 배가 고파 가지고 밥을 두 그릇이나 먹었어요.

3. 좋아 가지고, 불러 가지고, 바빠 가지고, 사 가지고, 만들어 가지고, 사 가지고

▶ 어휘

1. 1) 기한
   2) 계절 학기
   3) 졸업 시험
   4) 학사 경고 / 재수강
   5) 결론
   6) 학위를 받았군요.

05 복습

▶ 어휘

1. ④ 2. ② 3. ① 4. ④ 5. ③ 6. ② 7. ② 8. ④ 9. ② 10. ② 11. ③

▶ 문법

1. ② 2. ② 3. ③ 4. ③ 5. ④ 6. ① 7. ① 8. ④ 9. ② 10. ①

▶ 쓰기

1. ④ 2. ③ 3. ② 4. ① 5. ②
6. 날씨가 너무 더워 가지고 집에 가자마자 목욕부터 했어요.
7. 뚱뚱할 때는 바지만 입더니 살을 뺀 후에는 짧은 치마만 입어요.
8. 학교 식당은 음식 값이 쌀 뿐만 아니라 맛있어서 학생들에게 인기가 많아요.
9. ②
10. 적응할 수 있을 뿐만 아니라

▶ 듣기

1. ④ 2. ④ 3. ②

▶ 읽기

1. ① 2. ② 3. ③ 4. ②

4과 실수와 후회

01 가스 불을 켜 놓은 채로 나왔거든요.

▸ 문법

–다 보니(까)

1.

1) 컴퓨터 게임을 매일 했다.	그 노래가 좋아졌다.
2) 한국 친구와 이야기했다.	게임에 중독됐다.
3) 친구들에게 인기가 많다.	자주 연락하지 못했다.
4) 노래를 자주 들었다.	약속이 너무 많다.
5) 요즘 회사 일이 바쁘다.	한국어 실력이 늘었다.

2) 한국 친구와 이야기하다 보니까 한국어 실력이 늘었어요.
3) 친구들에게 인기가 많다 보니까 약속이 너무 많아요.
4) 노래를 자주 듣다 보니까 그 노래가 좋아졌어요.
5) 요즘 회사 일이 바쁘다 보니까 자주 연락하지 못했어요.

2. 2) 몸이 많이 아프다 보니까
3) 명절이다 보니까
4) 먹다 보니까
5) 춥다 보니까
6) 외국인이다 보니까

–아/어/여 놓다.

1.

2) 비행기 표	켜다
3) 음식	찾다
4) 컴퓨터	예매하다
5) 엄마 생신	만들다
6) 양복	표시하다

2) 음식을 만들어 놓으세요
3) 컴퓨터를 켜 놓았어요
4) 엄마 생신을 표시해 놓았어요
5) 양복을 찾아 놓으세요

2. 2) 지워 놓으세요
3) 사 놓은, 사 놓을게
4) 설거지를 해 놓도록 해
5) 써 놓으세요
6) 여권을 만들어 놓아야 해요

3. 1) 공책을 사 놓았어요
2) 영어도 공부해 놓았어요
3) 읽어 놓아야 하고요
4) 알아 놓으려고 합니다

–(으)ㄴ 채로

1.

1) 창문을 열어 놓았다.	잠을 잤다.
2) 옷을 입었다.	외출 했다.
3) 가격표를 떼지 않았다.	학교에 갔다.
4) 밥을 안 먹었다.	수영을 했다.
5) 머리가 젖다.	옷을 입고 나갔다.

2) 옷을 입은 채로
3) 가격표를 떼지 않은 채로
4) 밥을 안 먹은 채로
5) 머리가 젖은 채로 외출해서

2. 2) 줄을 선 채로
3) 화장을 안 한 채로
4) 깎지 않은 채로
5) 모르는 채로

▸ 어휘

1. 1) 긴장하게 2) 집중하지 3) 확인하고 4) 조심해야 5) 서두르면

02 청주에 가는 버스인 줄 알았어요.

▸ 문법

–는/ (으) ㄴ 줄 알았다 / 몰랐다

1. 2) 바쁜 줄 알았는데
   3) 학생인 줄 알았는데
   4) 오늘이 동생 생일인 줄 몰랐는데
   6) 공부를 잘하신 줄 알았는데
   7) 예뻤는 줄 몰랐는데
   8) 병원이었는 줄 몰랐는데
   10) 합격할 줄 알았는데
   11) 나이가 많을 줄 알았는데
   12) 별로 없을 줄 알았는데
2. 2) 졸업한 줄 알았어요
   3) 더울 줄 몰랐어요
   4) 어려울 줄 몰랐어요
   5) 날씨가 이렇게 추울 줄 몰랐어요

–고 보니(까)

1. 2) 숙제를 다 하고 보니까 어제 숙제였어요
   3) 설명을 듣고 보니까 이해가 되었어요
   4) 사귀고 보니까 좋은 사람이었어요
   5) 사고 보니까 가짜였어요
2. 2) 오르고 보니
   3) 받고 보니
   4) 잡고 보니 도둑이 아니었다고 해요
   5) 배우고 보니 그런 마음이 사라졌어요
3. 2) 나오고 보니
   3) 알고 보니
   4) 타고 보니

5) 주문하고 보니
6) 계산하고 보니

–(으)ㄹ까 봐(서)

1. 2) 아기가 깰까 봐 작은 소리로 이야기했어요
   3) 여행 가서 아플까 봐 약을 사 놓았어요
   4) 음식이 부족할까 봐 많이 만들어 놓았어요
   5) 날씨가 추워질까 봐 두꺼운 코트를 사 놓았어요
2. 2) 늦을까 봐
   3) 그런 꿈을 꿀까 봐
   4) 제대로 대답하지 못할까 봐
3. 2) 부모님께서 걱정하실까 봐
   3) 어울리지 않을까 봐 사지 않았어요
   4) 다칠까 봐 걱정이 돼서요
   5) 숙제가 없으면 여러분이 공부를 안 할까 봐서요
4. 2) 마음에 안 들까 봐
   3) 클까 봐
   4) 맛이 없을까 봐
   5) 실수할까 봐

▸ 어휘

1. 1) 착각하고, 잘못 듣고
   2) 잊어버리고
   3) 헷갈려요
   4) 착각한, 잘못 본
   5) 오해했어요
   6) 착각한 것이었어요, 잘못 안 것이었어요

03 설탕을 넣는다는 것이 소금을 또 넣었구나.

▸ 문법

–에다가

1. 2) 커피에다가

3) 3에다가
4) 물에다가
5) 빨간색에다가

2. 2) 휴대전화에다가
3) 119에다가
4) 출입국 관리사무소에다가
5) 게시판에다가 붙이세요
6) 공책에다가 하세요
7) 베란다에다가
8) 옷장에다가 넣어 주세요
9) 냉동실에다가 보관해 놓으세요
10) 이 씨디에다가 해 주세요

–는/ㄴ다는 것이

1.

1) 책을 읽으려고 했다.	고양이를 그렸다.
2) 청주에 가려고 했다	우유를 뽑았다.
3) 커피를 뽑으려고 했다.	잠이 들었다.
4) 호랑이를 그리려고 했다.	식용유를 샀다.
5) 식초를 사려고 했다.	충주에 갔다.

2) 간다는 것이 충주에 갔다
3) 뽑는다는 것이 우유를 뽑았다
4) 그린다는 것이 고양이를 그렸다
5) 산다는 것이 식용유를 샀다

2. 2) 보낸다는 것이
3) 들어간다는 것이
4) 신용카드를 낸다는 것이
5) 가져온다는 것이
6) 한다는 것이 그만 밤을 샜어요

–아/어/여야지(요)

1. 2) 치료 받아야지
3) 만들어야지
4) 벌어야지

5) 버려야지
6) 습관을 고쳐야지
7) 효도해야지
8) 책을 많이 읽어야지
9) 아침을 꼭 먹어야지
10) 영어공부를 해야지

2. 2) 미리 외워 놓아야지요
3) 술을 끊어야지요
4) 공부해야지
5) 일찍 와야지요.
6) 철수야, 올해는 결혼해야지

3. 2) 어떤 화가보다 유명해져야지
3) 내일부터 해야지
4) 시작해야지
5) 끝나면 해야지
6) 생각만 하지 말고 실천을 해야지요

▸ 어휘

1. 1) 깨뜨렸어요, 깨져서
2) 빠뜨렸어요, 빠져서
3) 넘어뜨렸어요, 넘어졌어요
4) 떨어뜨렸어요, 떨어져서

04 선생님의 말씀을 들을 걸 그랬어요.

▸ 문법

–(으)ㄹ수록

1. 2) 들을수록 좋아요
3) 돈이 많을수록 걱정이 많아요
4) 날씨가 더울수록 잘 팔려요
5) 만날수록 좋아요 / 좋아져요

2. 2) 읽으면 읽을수록
3) 먹으면 먹을수록 맛있어요
4) 아프면 아플수록

5) 무거우면 무거울수록
6) 빠르면 빠를수록
7) 초급이면 초급일수록 공부를 더 많이 해야지요

3. 2) 지각을 자주 할수록 성적이 나쁜
3) 담배를 자주 피울수록 학점이 낮은 것으로 나타났다
4) 앉아 있는 시간이 많을수록 사망률이 높은 것으로 나타났다

–(으)ㄹ걸 그랬다.

1 2) 영어를 배워 둘걸 그랬다
3) 선생님께 거짓말을 하지 말걸 그랬다
4) 아침을 먹을걸 그랬다
5) 여자 친구와 싸우지 말걸 그랬다

2. 2) 사회학을 전공할걸 그랬어요
3) 받지 말걸 그랬어요
4) 예매를 하지 말걸 그랬어요
5) 좀 더 기다려볼 걸 그랬어요

3. 2) 일만하지 말걸 그랬어요. 내 생활을 더 즐길걸 그랬어요
3) 감정을 숨기지 말걸 그랬어요. 솔직하게 표현할걸 그랬어요
4) 친구들과 계속 연락을 할걸 그랬어요. 친구들과 더 많은 시간을 보낼걸 그랬어요
5) 행복해지기 위해 노력할걸 그랬어요. 현재에 만족하지 말걸 그랬어요

–는/(으)ㄴ 법이다.

1. 2) 아이가 자라면 어른이 되는 법이다
3) 부모가 되면 자식 걱정을 하는 법이다
4) 노력하지 않으면 아무 결과가 없는 법이다
5) 사랑하는 사람과 헤어지면 슬픈 법이다

2. 2) 잠은 잘수록 더 자고 싶어지는 법이에요
3) 늦었다고 생각할 때가 가장 빠른 법이에요
4) 자식 이기는 부모 없는 법이에요
5) 일찍 일어나는 새가 벌레를 잡는 법이에요

3. 2) 세 살 버릇이 여든까지 가는 법이에요
3) 윗물이 맑아야 아랫물이 맑은 법이에요
4) 원숭이도 나무에서 떨어지는 법이에요
5) 벼는 익을수록 고개를 숙이는 법이에요

▸ 어휘

1. 1) 인정하다
   2) 용서를 빌다
   3) 이해하다
   4) 조언하다
   5) 속이다
   6) 핑계를 대다
   7) 실망하다
   8) 야단을 치다

05 복습

▸ 어휘

1. ② 2. ① 3. ② 4. ① 5. ① 6. ③ 7. ① 8. ④ 9. ③ 10. ④ 11. ③
12. ②
13. ①

▸ 문법

1. ③ 2. ② 3. ② 4. ③ 5. ③ 6. ③ 7. ① 8. ④ 9. ① 10. ④ 11. ③
12. ④

▸ 쓰기

1. ① 2. ② 3. ③ 4. ④
5. 아침에 너무 바쁘다 보니 운동화를 신고 나온다는 것이 슬리퍼를 신고 나왔다.
6. 영화표를 예매해 놓고 친구를 기다리면서 커피를 마셨다.
7. 성적이 떨어질까 봐 열심히 공부했는데도 시험을 잘 못 봤다.
8. 은행 문을 닫은 줄 모르고 은행에 갔다가 다시 돌아왔다.
9. 안 해도 후회 한다
10. 돈이 많을수록 걱정도 많다(고 한다)

▸ 듣기

1. ④ 2. ① 3. ④ 4. 내일 만나요 5. 나이 많아요

▸ 읽기

1. ④ 2. ③ 3. ①

5과 건강과 생활

01 삼계탕이야말로 여름철 건강식 중에 최고예요.

▸ 문법

~(이)야말로

1. 2) "○○○(가수 이름)" (이)야말로
   3) 동대문, 동대문이야말로
   4) 짬뽕, 짬뽕이야말로
   5) 친구야말로
2. 2) 선생님이야말로 고등학생들에게 가장 인기있는 직업이야.
   3) 삼겹살, 삼겹살이야말로 외국인이 가장 좋아하는 한국음식이야.
   4) 목도리, 목도리야말로 남자들이 크리스마스에 가장 받고 싶은 선물이지.
3. 1) ○○○(반 학생 이름)
   2) ○○○(이)야말로 우리 반에서 노래를 가장 잘 부르는 학생이에요.
   3) ○○○(이)야말로 우리 반에서 성격이 제일 좋은 학생이에요.
   4) ○○○(이)야말로 우리 반에서 인기가 제일 많은 학생이에요.
   5) ○○○(이)야말로 우리 학교에서 가장 성적이 좋은 학생이에요.

–고 나니(까)

1. 2) 운동을 하고 나니(까)
   3) 야단을 맞고 나니(까)
   4) 읽고 나니(까)
   5) 세차를 하고 나니(까)
2. 1) 되고 나니(까)
   2) 풀고 나니(까), 듣고 나니(까)
   3) 헤어지고 나니(까), 지나고 나니(까)
   4) 타고 나니(까), 가고 나니(까)

–(으)ㄹ 정도

1.

1) 땀이 나다	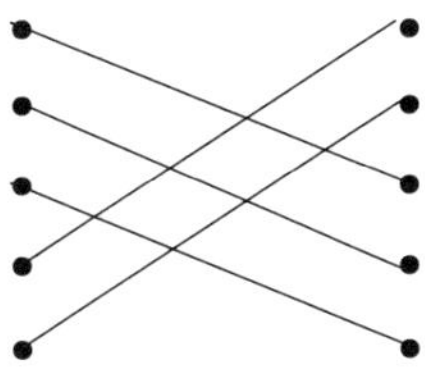	눈이 나빠지다
2) 모르는 사람이 없다		성형 수술을 많이 하다
3) 한 문제도 못 풀다		긴장을 하다
4) 안경을 쓰다		유명하다
5) 알아보지 못하다		시험 문제가 어렵다

2) 모르는 사람이 없을 정도로 유명해요.
3) 한 문제도 못 풀 정도로 시험 문제가 어려웠어요.
4) 안경을 쓸 정도로 눈이 나빠졌어요.
5) 알아보지 못할 정도로 성형 수술을 많이 했어요.

2. 2) 쉬지 못할 정도로
3) 쓰러질 정도로
4) 못 갈 정도로
5) 다시 읽고 싶을 정도예요.
6) 돈을 평생 써도 다 못 쓸 정도예요.

3. 2) 눈이 빠질 정도로
3) 눈물이 날 정도로
4) 둘이 먹다가 하나가 죽어도 모를 정도로
5) 입에 침이 마를 정도로

▸ 어휘

1. 1)봄나물 2)콩국수 3)삼계탕 4)동치미 5)팥죽

02 건강해진다면 그 정도 노력은 해야겠죠.

▸ 문법

–는/(으)ㄴ 만큼

1. 2) 많은 만큼
3) 비싼 만큼
4) 쉰 만큼
5) 고생한 만큼
6) 최선을 다한 만큼

2. 2) 머리가 아플 만큼
3) 화장실에 갈 시간이 없을 만큼

4) 자다가도 일어날 만큼

3. 2) 바다만큼
   3) 쥐꼬리만큼
   4) 산더미만큼

※ ~만큼 -(으)ㄴ/는 ~도 없다.

1. 2) 아노트 씨, 인기가 많은 사람
   3) 동대문, 물건 값이 싼 곳
   4) 아프리카만큼 더운 곳도 없어요.
   5) 제주도만큼 경치가 아름다운 곳도 없어요.
   6) 우리 반에서 ○○○ 씨만큼 키가 큰 사람도 없어요.

-(는/ㄴ)다면

1.

1) 지금 학교에 가다.	숙제를 내지 않다.
2) 내가 돈이 많다.	교실에 선생님이 계시다.
3) 네가 사과하지 않다.	일찍 일어날 것이다.
4) 내가 선생님이다.	가난한 사람들을 돕다.
5) 일찍 잠을 자다.	너와 이야기도 하지 않겠다.

   2) 내가 돈이 많다면 가난한 사람들을 도와 줄 거예요
   3) 네가 사과하지 않는다면 너와 이야기도 하지 않을 거예요
   4) 내가 선생님이라면 숙제를 내지 않을 거예요
   5) 일찍 잠을 잔다면 일찍 일어날 거예요

2. 2) 탔다면
   3) 했다면
   4) 배우겠다면
   5) 안 가겠다면
   6) 하겠다면

3. 2) 휴대 전화가 없다면 사람들과 연락하기 힘들어질 것 같아요
   3) 오늘 방학을 한다면 당장 고향에 갈 비행기 표를 예약할 거예요
   4) 1,000억이 있다면 부모님께 멋진 집을 사 드릴 거예요
   5) 내가 만약 대통령이 된다면 우리나라를 경제대국으로 만들 거예요

-기 위해서

1. 2) 여자 친구에게 목걸이를 사주기 위해서 아르바이트를 시작했어요.

3) 친구를 많이 사귀기 위해서 동아리에 가입했어요.
4) 한국 문화를 알기 위해서 '한국 문화의 이해'를 들어요.
5) 소포를 보내기 위해서 우체국에 가요.
6) 약혼녀에게 청혼을 하기 위해서 반지를 사 놓았어요.

2. 2) 나라, 나라를 지키기 위해서
3) 건강, 건강을 지키기 위해서
4) 꿈, 꿈을 이루기 위해서
5) 이웃, 이웃을 돕기 위해서

3. 2) 홍보하기 위해서
3) 적응하기 위해서
4) 사기 위해서
5) 입학하기 위해서

▶ 어휘

1. 1) 고혈압 2) 비만 3) 다이어트 4) 식이요법
2. 1) 빼려고 2) 요요현상 3) 식습관 4) 체지방

03 아침을 안 먹다가는 건강이 나빠질 거예요.

▶ 문법

–다가는

1. 2) 병이 생길 거예요
3) 건강이 나빠질 거예요
4) 그렇게 공부를 하지 않다가는
5) 지금처럼 통화를 오래 하다가는
6) 계속 거짓말을 하다가는

2. 2) 추워졌어요, 감기에 걸리겠어요
3) 한가해졌어요, 가게 문을 닫겠어요
4) 안 먹었어요, 병이 날지도 몰라요

–잖아요.

1. 2) 세일 기간이었잖아요
3) 오늘 ○○○ 씨 생일이잖아요
4) 오늘 초청 공연이 있잖아요

5) 요즘 운동하잖아요
6) 딸기를 좋아하잖아요
7) 먹었잖아요

2. 2) 친구들과 놀기 좋잖아요
3) 편하고 맛있잖아요
4) 비용이 적게 들잖아요
5) 빠르고 편하잖아요
6) 놀이 공원에 가는 버스가 자주 있잖아요

–(으)ㄴ/는 반면에

1. 2) 빠른 반면에
3) 좋아하시는 반면에
4) 읽는 반면에
5) 힘든 반면에

2. 2) 친절한 반면에, 친절하지 않아요
3) 오랫동안 기다려야 하는, 기다리지 않아도 되잖아요
4) 불고기 값이 비싼 반면에 청주 식당은 싸요
5) 무료인 반면에 청주 식당은 주차비가 유료예요

▸ 어휘

1. 1) 패스트푸드, (피자, 감자튀김, 햄버거, 도넛, 프라이드치킨)
2) 인스턴트식품, (통조림, 냉동만두, 컵라면)
3) 슬로푸드, (김치, 치즈, 된장, 와인)

04 건강해진 걸 보니까 채식이 몸에 좋은가 봐요.

▸ 문법

–나 보다 / –(으)ㄴ가 보다

1. 2) 동물을 좋아하나 봐요
3) 아픈가 봐요
4) 학생인가 봐요 / 학교에 가나 봐요
5) 다이어트를 했나 봐요

2. 2) 영화가 무서운가 봐요

3) 밥을 먹었나 봐요
4) 시험기간인가 봐요
5) 방학인가 봐요 / 쉬는 날인가 봐요
6) 시험 문제가 어려웠나 봐요
7) 안 좋은 일이 있나 봐요
8) 몸이 안 좋은가 봐요 / 감기에 걸렸나 봐요
9) 집에 갔나 봐요
10) 많이 피곤했나 봐요

–는/(으)ㄴ 걸 보니(까)

1.

1) 시험 성적이 좋다.	세일을 하다
2) 병원에 가다	걱정이 있다
3) 백화점에 사람이 많다	공부를 열심히 하다
4) 밤에 잠을 잘 못 자다	바쁘다
5) 전화를 받지 않다.	아프다

2) 병원에 가는 걸 보니 아픈가 봐요
3) 백화점에 사람이 많은 걸 보니 세일을 하나 봐요
4) 밤에 잠을 잘 못 자는 걸 보니 걱정이 있나 봐요
5) 전화를 받지 않는 걸 보니 바쁜가 봐요

2. 2) 우는 걸 보니
3) 입은 걸 보니
4) 시끄러운 걸 보니
5) 받은 걸 보니
6) 통화가 안 되는 걸 보니
7) 생일 선물을 많이 받은 걸 보니
8) 손을 잡고 다니는 걸 보니

얼마나 –는/(으)ㄴ지

1. 2) 얼마나 바쁜지
3) 얼마나 많은지
4) 얼마나 어려운지
5) 얼마나 많이 왔는지
6) 얼마나 많이 사 주셨는지
7) 얼마나 많이 잤는지

2. 2) 얼마나 먼지
   3) 얼마나 힘든지
   4) 얼마나 어려운지
   5) 얼마나 보고 싶은지
   6) 얼마나 친절한지

▸ 어휘

1. 1) 폭식 2) 소식 3) 편식 4) 야식 5) 채식 6) 간식
2. 1) 군것질 2) 과로하 3) 수면 부족 4) 불면증

05 복습

▸ 어휘

1. ③ 2. ④ 3. ① 4. ③ 5. ④ 6. ② 7. ③ 8. ① 9. ③ 10. ①

▸ 문법

1. ③ 2. ③ 3. ② 4. ④ 5. ③ 6. ② 7. ③ 8. ① 9. ② 10. ②

▸ 쓰기

1. ③ 2. ① 3. ③ 4. ④ 5. ① 6. 빨리 나옵니다. 7. ① 8. ③
9. 눈물이 날 정도로 음식이 매워서 물을 많이 마셨다.
10. 계속 공부를 하지 않고 게임만 하다가는 시험을 망칠 거예요.

▸ 듣기

1. ④ 2. ④ 3. ④ 4. ④

▸ 읽기

1. ④ 2. ③

쉽게 말하는 한국어 3 활용

저　자 : 충북대학교 국제교류원
발행처 : 충북대학교 출판부
발행인 : 김승택
표지디자인 : design of(www.ofof.kr)
주　소 : (361-763) 충북 청주시 흥덕구 내수동로 52(개신동)
전　화 : (043) 261-2952, 3014
팩　스 : (043) 274-1256
이메일 : presscbu@chungbuk.ac.kr
등　록 : 제1983-2001-7호
초판1쇄: 2013. 3. 8.
편집 및 인쇄 : 도서출판 수덕인쇄 043)266-4627

ISBN 978-89-7295-201-5 94710

값 15,000원